DXP

Digital transformation passport

DX パスポート試験

公式精選問題集

Digital transformation Passport

JN074049

DX パスポート試験　公式精選問題集

もくじ

DX パスポート試験　試験概要

■出題範囲

第1課題　DXの現状	第1章　DX総論
	第2章　業種別DXビジネスの現状
	第3章　DX企業の現状
第2課題　DXの技術	第1章　AI
	第2章　ビッグデータ
	第3章　IoT
	第4章　クラウド
	第5章　情報セキュリティ

1. 受験資格　国籍、年齢等に制限はありません。
2. 受験会場（下記のほか、オンライン・CBT会場でも実施されます。）
　　札幌　仙台　東京　埼玉　千葉　横浜　名古屋　大阪　京都　福岡
3. 試験日程　協会ホームページをご確認ください。
4. 試験時間　60分
5. 問題数　　60問（各課題二択15問、四択15問）
　　（出題範囲・会場・試験時間・問題数は予告なく変更される場合があります。）
6. 試験形式　マークシート方式
7. 合格基準
　　第1課題・第2課題の合計で70%以上の正答
8. 受験料 … 9,350円（税込）
9. 申込方法
　　インターネットでお申込みの場合は下記アドレスよりお申し込みください。
　　http://www.joho-gakushu.or.jp/web-entry/siken/
　　郵送でお申込の場合は、下記までお問合せください。

お問合せ先

一般財団法人　全日本情報学習振興協会

東京都千代田区神田三崎町 3-7-12　　清話会ビル 5F

TEL：03-5276-0030　FAX：03-5276-0551　http://www.joho-gakushu.or.jp/

【第1課題　DX の現状】

第1章　DX 総論

問題1．次の文章中の（　　）に入る語句として、より<u>適切</u>なものを以下のア・イのうち1つ選びなさい。

> 「DX レポート」には、複雑化・老朽化・ブラックボックス化した既存システムが残存した場合、予想される日本の経済損失は、2025 年以降、最大（　　）／年にのぼる可能性がある、と記されている。

ア．2兆円　　　　　　　　イ．12兆円

解説　2025 年の崖

　「DX レポート」には、「複雑化・老朽化・ブラックボックス化した既存システムが残存した場合、2025 年までに予想される IT 人材の引退やサポート終了等によるリスクの高まり等に伴う経済損失は、2025 年以降、最大 12 兆円／年（現在の約3倍）にのぼる可能性がある。」と記されている。

解答　イ

問題2. 経済産業省が2018年に発表した「DXレポート」に記されているレガシーシステムに関する記述として、より<u>適切な</u>ものを以下のア・イのうち1つ選びなさい。

ア．開発から時間が経つほど、レガシー問題の発生確率は上がり、開発から時間が経っているシステムであれば、必ずレガシー問題は発生する。

イ．レガシーシステムの本質は、「自社システムの中身がブラックボックスになってしまったこと」にある。

| 解説　DXレポート |

ア不適切。開発から時間が経っている場合、レガシー問題の発生確率は上がるが、古い技術を使っているシステムであれば必ずレガシー問題が発生するわけではない。適切なメンテナンスを行うITシステムマネジメントを行っている場合は、ブラックボックス化はしにくい、といわれている。

イ適　切。記述の通り。レガシー化とは「ユーザ企業において、自社システムの中身が不可視になり、自分の手で修正できない状況に陥ったこと」ということができる。

| 解答　イ |

問題３．独立行政法人情報処理推進機構（IPA）の「DX白書2023」における、日米企業のDXの取組状況の調査結果に関する記述として、より<u>適切な</u>ものを以下のア・イのうち１つ選びなさい。

ア．DXの取組状況を従業員規模別で見ると、日本は従業員数が多い企業ほどDXの取組が進んでおり、日本の従業員数が「1,001人以上」の企業においてはDXに取組んでいる割合は90％を超え、米国と比較しても高い割合を示している。

イ．DXの取組の成果についての調査で、日本で「成果が出ている」の企業の割合は、2021年度の調査では約50％であったが2022年度調査では60％に増加して米国と並び、成果の創出において日米の差がなくなった。

解説　DX の現状

ア適　切。日本の「1,001人以上」の企業においてはDXに取組んでいる割合は94.8％と米国と比較しても高い割合を示している。一方、従業員規模が「100人以下」の日本における割合の合計は約40％（アメリカは60％弱）、DXに取組んでいない企業が60％近く（アメリカは20％強）になっており、中小企業におけるDXの取組の遅れは顕著である。

イ不適切。DXの取組において、日本で「成果が出ている」の企業の割合は2021年度調査の49.5％から2022年度調査は58.0％に増加した。一方、米国は89.0％が「成果が出ている」となっており、日本でDXへ取組む企業の割合は増加しているものの、成果の創出において日米差は依然として大きい。

解答　ア

問題４．独立行政法人情報処理推進機構（IPA）の「DX白書2023」における、日米企業のDXの取組状況の調査結果に関する記述として、より<u>適切な</u>ものを以下のア・イのうち１つ選びなさい。

ア．日本でDXに取組んでいる企業の割合は年々増加しているが、従業員規模が「100人以下」の企業の約６割が取組めておらず、中小企業におけるDXの取組みの遅れは顕著である。

イ．DXを推進する人材の「量」の確保についての調査では、日本で「大幅に不足している」と回答した企業の割合は、2021年度の調査では約50％であったが、2022年度の調査では約30％に減少し、米国における2021年度調査結果の約20％に近づいている。

<u>解説　DXの現状</u>

ア適　切。日本の「1,001人以上」の企業においてはDXに取組んでいる割合は94.8％と米国と比較しても高い割合を示している。一方、従業員規模が「100人以下」の日本における割合の合計は約40％（アメリカは60％弱）、DXに取組んでいない企業が60％近く（アメリカは20％強）になっており、中小企業におけるDXの取組みの遅れは顕著である。

イ不適切。DXを推進する人材の「量」の確保についての調査では、日本で「大幅に不足している」と回答した企業の割合は、2021年度の調査では約30％であったが、2022年度調査では約50％に増加した。一方、米国においては、2021年度調査の20.9％から2022年度調査の3.3％と減少しており、日本ではDXを推進する人材の「量」の不足が進んでいる。

解答　ア

問題５．デジタル化の概念に関する次の文章中の（　　）に入る語句の組合せとして、より<u>適切な</u>ものを以下のア・イのうち１つ選びなさい。

> DXとは、（　a　）→（　b　）の段階を経て、事業やビジネスモデルを変革することである。

ア．ａ．デジタイゼーション　　　ｂ．デジタライゼーション
イ．ａ．デジタライゼーション　　ｂ．デジタイゼーション

解説　DX

> DXとは、（ａ. **デジタイゼーション**）→（ｂ. **デジタライゼーション**）の段階を経て、単なるデジタル化を超えて、事業やビジネスモデルを変革することである。

　デジタイゼーション（Digitization）は、アナログ・物理データの単純なデジタルデータ化のこと。
　デジタライゼーション（Digitalization）は、個別業務・プロセスのデジタル化であり、組織のビジネスモデル全体を一新（個別の業務・製造プロセスのデジタル化）し、クライアントやパートナーに対してサービスを提供するより良い方法を構築することである。

解答　ア

問題６．「DXレポート」に記されている日本企業におけるシステム開発に関する
記述として、より<u>適切な</u>ものを以下のア・イのうち１つ選びなさい。

ア．日本では、ユーザ企業に多くのITエンジニアが所属して、開発を主導してい
るため、個人が持つ情報システムに関するノウハウが社内に蓄積しやすい。

イ．日本の大企業では、情報システム化の推進、競争力向上の過程において、
企業全体の最適化よりも各事業の個別最適化を優先したため、企業全体で
の最適化が図られなかった。

解説　DX レポート

ア不適切。日本ではユーザ企業よりもベンダー企業の方にITエンジニアの多く
が所属している。諸外国に比べて、日本のユーザ企業では、外部の
ベンダー企業にシステム開発を委託することが主となっており、ベン
ダー企業側にシステムのノウハウが蓄積され、発注者であるユー
ザ企業側には蓄積されない傾向にある。そのため、ユーザ企業にお
いて、自社システムの中身が不可視になり（ブラックボックス化）、
自分の手で修正できない状況に陥り、DX実現の障壁となると考え
られている。

イ適　切。我が国の企業（特に大企業）においては、世界に先駆けて情報シス
テム化を推進し、競争力向上を果たしてきており、多くのデータ・
情報資産を保有しているが、その過程で、各事業の個別最適化を優
先してきたため、企業全体の最適化が図られなかった。そのため、
システムが複雑となり、企業全体での情報管理・データ管理が困難
となっている。

解答　イ

問題７．「2025年の崖」に関する以下のアからエまでの記述のうち、最も<u>適切ではないもの</u>を１つ選びなさい。

ア．経済産業省が 2018 年に発表した「DX レポート」において、「2025 年の崖」という言葉が初めて使用された。

イ．「崖」とは、企業が DX を進める上での課題克服ができなかった場合に発生する経済損失等を指す。

ウ．レガシーシステム問題の本質は、「自社システムの中身がブラックボックスになってしまったこと」にある。

エ．「レガシー化」の問題はマネジメントではなく、古い技術を使っているために発生する技術的な問題である。

解説　2025 年の崖

ア適　切。「2025年の崖」は、経済産業省が2018年に発表した「DXレポートITシステム「2025年の崖」克服とDXの本格的な展開〜（DXレポート）」において、企業に対してDXの必要性を訴える言葉として、初めて使用された。

イ適　切。記述の通り。

ウ適　切。記述の通り。

エ不適切。「DXレポート」には、「レガシー化は技術の側面のみならず、「マネジメント」の側面が大きな問題と考えるべきである。古い技術を使っているシステムだから必ずレガシー問題が発生するわけではない。適切なメンテナンスを行うITシステムマネジメントを行っている場合は、ブラックボックス化はしにくい。」とある。

解答　エ

問題8.「2025年の崖」に関する以下のアからエまでの記述のうち、最も<u>適切ではないもの</u>を1つ選びなさい。

ア.「2025年の崖」とは、経済産業省が2018年に発表した「DXレポート」で使用された、企業に対してDXの必要性を訴える言葉であり、企業がDXを進める上での課題克服ができなかった場合に発生する経済損失等のことを「崖」と表現している。

イ.「2025年の崖」の大きな要因の1つとして、「レガシーシステム」の存在があり、レガシーシステムにコスト、人的リソースが費やされることが、企業のグローバル競争力を低下させていると考えられている。

ウ.「レガシー化」の問題は、古い技術を使っていることで発生する技術的な問題のみならず、マネジメントの側面が大きな問題と考えるべきである。

エ.「2025年の崖」では、レガシーシステムが残存し、課題克服ができなかった場合には、国内全体の経済損失が2025年以降、最大5兆円／年にのぼる可能性があるとしている。

解説　2025 年の崖

ア適　切。記述の通り。「2025 年の崖」とは、経済産業省が 2018 年に発表した「DX レポート」で使用された言葉であり、「DX レポート」では、2025 年までの間に、複雑化・ブラックボックス化した既存システムについて、廃棄や現状維持にするもの等を仕分けしながら、必要なものについて刷新しつつ、DX を実現することが必要とされ、できなかった場合を「2025 年の崖」としている。

イ適　切。「レガシーシステム」とは、老朽化、肥大化・複雑化、ブラックボックス化した既存システムのことを指しており、レガシーシステムにコスト、人的リソースが費やされることが、企業のグローバル競争力を低下させていると考えられている。

ウ適　切。「DX レポート」には、「レガシー化は技術の側面のみならず、「マネジメント」の側面が大きな問題と考えるべきである。古い技術を使っているシステムだから必ずレガシー問題が発生するわけではない。適切なメンテナンスを行う IT システムマネジメントを行っている場合は、ブラックボックス化はしにくい。」とある。

エ不適切。「5 兆円」が誤りで、正しくは「12 兆円」である。2025 年までに予想される IT 人材の引退やサポート終了等によるリスクの高まり等により、課題克服できなかった場合の経済損失が 2025 年以降、最大 12 兆円／年にのぼると予想されている。

解答　エ

問題9．DXに関する次の文章中の（　　）に入る語句の組合せとして、最も適切なものを以下のアからエのうち１つ選びなさい。

> 2018 年に経済産業省が公表した「デジタルトランスフォーメーションを推進するためのガイドライン（DX 推進ガイドライン）」における DX の定義は、「企業がビジネス環境の激しい変化に対応し、（　a　）を活用して、顧客や社会のニーズを基に、製品やサービス、ビジネスモデルを（　b　）するとともに、業務そのものや、組織、プロセス、企業文化・風土を変革し、競争上の（　c　）を確立すること」である。

ア．a．データとデジタル技術　　　b．変革　　c．公平性
イ．a．デジタル技術　　　　　　　b．改善　　c．公平性
ウ．a．データとデジタル技術　　　b．変革　　c．優位性
エ．a．デジタル技術　　　　　　　b．改善　　c．優位性

解説　DX

DX推進ガイドラインでは、「本ガイドラインでは、DXの定義は次のとおりとする。」として、本問の文章を掲げている。

> 2018年に経済産業省が公表した「デジタルトランスフォーメーションを推進するためのガイドライン（DX推進ガイドライン）」におけるDXの定義は、「企業がビジネス環境の激しい変化に対応し、**データとデジタル技術**を活用して、顧客や社会のニーズを基に、製品やサービス、ビジネスモデルを**変革**するとともに、業務そのものや、組織、プロセス、企業文化・風土を変革し、競争上の**優位性**を確立すること」である。

解答　ウ

問題 10. 「DX レポート 2.2」における、日本の企業の DX の現状に関する以下の
アからエまでの記述のうち、最も<u>適切ではない</u>ものを 1 つ選びなさい。

ア．ユーザ企業とベンダー企業はともに「低位安定」の関係に固定されてし
まっているため、日本においては、個社単独でのDXが困難な状況にある。

イ．DX推進指標による自己診断結果の提出状況を定量的に俯瞰すると、自己
診断に取り組む企業は着実に増えており、かつ、先行企業（成熟度レベ
ル 3 以上）の割合も増加し続けている。

ウ．DX推進に取り組むことの重要性は広がる一方で、デジタル投資の内訳は
DXレポート発出後も変化がなく、既存ビジネスの維持・運営に約 8 割が
占められている状況が継続している。

エ．バリューアップ（サービスの創造・革新）の取組みにおいては、実際に
成果がでている企業は 5 割以上になっている。

ア適　切。「DXレポート2.2」には、「DXレポート2.1で示した通り、ユーザ企業とベンダー企業はともに『低位安定』の関係に固定されてしまっているため、我が国においては、個社単独でのDXが困難な状況にある。そのため、産業全体での変革が必要であり、目指すべき産業の姿として『デジタル産業』を示した。」とある。

イ適　切。「DXレポート2.2」には、「『2025年の崖』問題の克服状況は順調ではないとの指摘がある一方で、DX推進指標による自己診断結果の提出状況を定量的に俯瞰すると、自己診断に取り組む企業は着実に増えており、かつ、先行企業（成熟度レベル3以上）の割合も増加し続けている（※成熟度レベル3：DXを全社戦略のもと部門横断で推進）。さらに、毎年提出している企業は確実にスコアを伸ばしていることを考えると、DX推進の取組みは着実に前進している、と言える。」とある。

ウ適　切。「DXレポート2.2」には、「DX推進に取り組むことの重要性は広がる一方で、デジタル投資の内訳はDXレポート発出後も変化がなく、既存ビジネスの維持・運営に約8割が占められている状況が継続。DX推進指標の自己診断結果を提出した企業の平均スコアは伸びてはいるものの、『企業のデジタル投資は、主に、既存ビジネスの効率化中心に振り向けられている』という状況に変わりはなく、DX推進に対して投入される経営資源が企業成長に反映されていないと考えられる。自己診断結果を提出していない企業が水面下に多数いることを考えると、この状況はさらに深刻な段階にある可能性。」とある。

エ不適切。「5割以上になっている。」が誤りで、正しくは「1割未満に留まっている。」である。「DXレポート2.2」には、「バリューアップ（サービスの創造・革新）の取組みにおいては、実際に成果がでている企業は1割未満に留まっている。サービスの創造・革新（既存ビジネスの効率化ではない取組み）の必要性は理解しているものの、目指す姿やアクションを具体化できていないため、成果に至らず、バリューアップへの投資が増えていかないのではないか。」とある。

解答　エ

問題 11.「令和３年版情報通信白書」における DX に関する以下のアからエまで
　　　　の記述のうち、最も<u>適切ではない</u>ものを１つ選びなさい。

　　ア．DXとは、デジタル技術の活用による新たな商品・サービスの提供、新たな
　　　　ビジネスモデルの開発を通して、社会制度や組織文化なども変革していく
　　　　ような取組を指す概念である。

　　イ．DXは、企業が特定の目的を達成するための手段ではなく、それ自身を目的
　　　　とするものであるという点に留意が必要である。

　　ウ．DXを実施する際には、企業自身が直面する課題を明確にするとともに、課
　　　　題解決のために取り得る最適な取組を考慮した上で着手することが重要
　　　　である。

　　エ．デジタル技術の進化および普及は、先進国のみならず途上国にまで波及し
　　　　ており、途上国では、リープフロッグ現象により、固定通信網が発達して
　　　　いない環境でモバイルが急速に普及するなど、先進国における普及以上の
　　　　スピードでデジタル技術の普及が進み、デジタル産業の育成も行われつつ
　　　　ある。

ア適　切。DX とは、デジタル技術の活用による新たな商品・サービスの提供、新たなビジネスモデルの開発を通して、社会制度や組織文化なども変革していくような取組を指す概念である。これまでに企業が実施してきた情報化・デジタル化（デジタル技術を用いた単純な省人化、自動化、効率化、最適化）は DX とは言い難く、社会の根本的な変化に対して、既成概念の破壊を伴いながら新たな価値を創出するための改革が DX である。

イ不適切。内容が逆である。DX は、あくまで企業が特定の目的を達成するための手段であり、それ自身を目的とするものではない点に留意が必要である。

ウ適　切。記述の通り。実際に DX を行う際は、やみくもに実施するのではなく、企業自身が直面する課題を明確にするとともに、課題解決のために取り得る最適な取組を考慮した上で着手することが重要である。

エ適　切。記述の通り。途上国では、特定の技術やインフラが先進国よりも速いスピードで整備、浸透するという「リープフロッグ現象（leapfrogging）」が発生するが、それは、既存の制度やインフラとの摩擦がないために生じるものである。さらに途上国においては、先進国と比べて労働力が安価なことなどから、先進国企業と同等の商品・サービスをより低価格で提供できるなど、有利な競争条件が揃っている。

解答　イ

問題 12. デジタイゼーションとデジタライゼーションに関する以下のアからエまでの記述のうち、最も<u>適切ではないもの</u>を 1 つ選びなさい。

ア．デジタイゼーションとは、アナログ・物理データの単純なデジタルデータ化のことである。

イ．デジタイゼーションの典型的な例として、紙文書の電子化が挙げられる。

ウ．デジタライゼーションは、個別業務・プロセスのデジタル化であり、組織のビジネスモデル全体を一新し、クライアントやパートナーに対してサービスを提供するより良い方法を構築することである。

エ．デジタライゼーションにおいては、会社内の特定のプロセスにおける効率化のためにデジタルツールを導入することが重要である。

解説　デジタイゼーション、デジタライゼーション

ア適　切。記述の通り。

イ適　切。記述の通り。

ウ適　切。記述の通り。デジタライゼーションは、外部環境やビジネス戦略も含めたプロセス全体をデジタル化することである。

エ不適切。会社内の特定のプロセスにおける効率化のためにデジタルツールを導入するのは、「デジタイゼーション」である。外部環境やビジネス戦略も含めたプロセス全体をデジタル化するのが「デジタライゼーション」であり、自社内だけでなくクライアントやパートナーの業務も含めたデジタル化を検討する必要がある。

解答　エ

第2章 業種別 DX ビジネスの現状

問題 13. 暗号資産に関する記述として、より<u>適切な</u>ものを以下のア・イのうち1
つ選びなさい。

ア．暗号資産は、インターネット上で決済ができるデジタル通貨であり、従来
は仮想通貨という呼称が使われていた。

イ．暗号資産は、国家やその中央銀行によって発行される法定通貨である。

<u>解説 暗号資産</u>

ア適 切。記述の通り。

イ不適切。暗号資産は、国家やその中央銀行によって発行された法定通貨では
なく、裏付け資産を持っていないことなどから、利用者の需給関係
などの様々な要因によって、その価格が大きく変動する傾向にある。

<u>解答 ア</u>

問題 14. キャッシュレス決済に関する記述として、より<u>適切な</u>ものを以下のア・
イのうち1つ選びなさい。

ア．デビットカードとは、利用金額を事前にチャージする前払い方式のプリペ
イドカードであり、銀行系や国際ブランド系などの種類がある。

イ．モバイルウォレットは、スマートフォンなどのモバイル端末を使用した決
済方法で、QRコード・バーコードの読み取りや非接触のタッチ式での支払
いが可能である。

<u>解説 キャッシュレス決済</u>

ア不適切。デビットカードは、プリペイド（前払い）方式ではなく、リアルタ
イム取引であり、支払いと同時に銀行口座から引き落とされる。

イ適 切。モバイルウォレットは、QRコードやバーコードの読み取りや非接触
のタッチ式での支払いが可能であり、リアルタイム取引のため、支
払いと同時に残高から引き落とされる。

<u>解答 イ</u>

問題 15. フィンテックに関する記述として、より<u>適切な</u>ものを以下のア・イのうち 1 つ選びなさい。

ア．ロボアドバイザーとは、株式投資等において、AI等最新のITを駆使して投資、資産運用のアドバイスを行うサービスのことである。

イ．BaaS（Banking as a Service）とは、個人のお金に関わる情報を統合的に管理するサービスであり、銀行口座やクレジットカードなど、自身が利用する金融サービスと連携することで、個人の資産管理を行う。

解説　フィンテック

ア適　切。ロボアドバイザーとは、最新の IT を駆使した資産運用サービスである。ユーザの年齢や現在の資産状況、資産運用におけるリスク許容度等を入力することで、それに応じたポートフォリオ（投資先の内容）を自動的に提案する。

イ不適切。本肢は、PFM（Personal Financial Management：個人資産運用）の説明である。BaaS（Banking as a Service）は、API の仕組みを使い、決済などの機能を、クラウドサービスとして異業種企業のアプリや Web サイト上で連携して実現するものである。BaaSで銀行が API を公開することにより、非金融企業が金融ライセンスを取得せずに、本来銀行が取り扱うサービスであるウォレット機能、チャージ、送金、コード決済、少額・分割後払いなどのサービスを自社のアプリで利用可能となり、アプリの価値向上を図ることができる。

解答　ア

問題 16. インシュアテックに関する記述として、より<u>適切な</u>ものを以下のア・イのうち 1 つ選びなさい。

ア．グループで組成した保険商品において、複数の契約者が保険料を出し合いプールして、補償対象となる事象が起こった際にはそこから保険金を支払う仕組みの保険を、R2R 保険という。

イ．自動車等の移動体に通信システムを組み合わせて、リアルタイムに情報サービスを提供する技術を用いて、走行距離や運転特性といった運転者により異なる運転情報を取得・分析し、保険料を算定する自動車保険を、テレマティクス保険という。

解説　金融業の DX

ア不適切。「R2R 保険」が誤りで、正しくは「P2P 保険」である。P2P（Peer to Peer）は従来の保険の仕組みとは一線を画するものであり、複数名の契約者同士がお互いのリスクを支えあうものである。複数人のグループで組成した保険商品に関して、複数の契約者が保険料を出し合ってプールしておき、補償対象となる事象が起これば、そこから保険金を支払う。

イ適　切。ドライブレコーダーや専用アプリなどを用いてリアルタイムで運転情報を計測する自動車保険は「テレマティクス保険」である。

解答　イ

問題 17. ブロックチェーンに関する以下のアからエまでの記述のうち、最も<u>適切</u><u>ではない</u>ものを１つ選びなさい。

ア．ブロックチェーンは、一般に「取引履歴を暗号技術によって過去から１本の鎖のようにつなげ、正確な取引履歴を維持しようとする技術」とされている。

イ．ブロックチェーン化された取引記録は、管理主体が中央に存在する集中管理型システムの技術で管理される。

ウ．ブロックチェーンにおけるデータの破壊・改ざんは極めて困難であり、システムが障害によって停止してデータが失われる事故を未然に防ぐことができるという特徴を持っている。

エ．ブロックチェーンを利用した代表的な技術の一つに、ビットコインがある。

解説　ブロックチェーン

ア適　切。記述の通り。

イ不適切。ブロックチェーン化された取引記録は、管理主体が中央に存在する通常の集中管理型システムとは異なり、複数のシステムがそれぞれ情報を保有し、常に同期が取られる「分散型台帳」の技術で管理される。

ウ適　切。ブロックチェーンでは、複数のシステムがそれぞれ情報を保有し、常に同期が取られる「分散型台帳」の技術で管理される。そのため、一部のシステムが停止・故障しても、システム全体の運行・稼働に与える影響を最小限に止めることができる。

エ適　切。暗号資産は、暗号技術が使用されインターネット上で利用できる電子的な資産で、ブロックチェーンによる分散型台帳技術が使用されている。ビットコインは、発表以来十年以上にわたって、データが不正に書き換えられるなどの不具合は発生しておらず、ブロックチェーンが現実に導入された例として、その優位性を確かな形として示している。

解答　イ

問題 18. 暗号資産に関する以下のアからエまでの記述のうち、最も<u>適切ではない</u>ものを１つ選びなさい。

ア．インターネットで決済ができるデジタル通貨である。

イ．国家やその中央銀行によって発行された、法定通貨である。

ウ．不特定の者に対して、代金の支払い等に使用でき、かつ、日本円や米国ドル等と相互に交換できる。

エ．電子的に記録され、移転できる。

解説　暗号資産

暗号資産は、「資金決済に関する法律」において、次の性質を持つものと定義されている。

(1) 不特定の者に対して、代金の支払い等に使用でき、かつ、法定通貨（日本円や米国ドル等）と相互に交換できる

(2) 電子的に記録され、移転できる

(3) 法定通貨または法定通貨建ての資産（プリペイドカード等）ではない

ア適　切。記述の通り。

イ不適切。暗号資産は、国家やその中央銀行によって発行された法定通貨または法定通貨建ての資産（プリペイドカード等）ではない。

ウ適　切。記述の通り。

エ適　切。記述の通り。

解答　イ

問題 19. キャッシュレス決済に関する以下のアからエまでの記述のうち、最も<u>適切ではないもの</u>を 1 つ選びなさい。

ア．モバイルウォレットは、スマートフォンなどのモバイル端末を使用した決済方法で、QR コード・バーコードの読み取りや非接触のタッチ式での支払いが可能である。

イ．デビットカードは、プリペイド方式ではない。

ウ．一般社団法人キャッシュレス推進協議会が公表した「キャッシュレス・ロードマップ 2023」によれば、キャッシュレス決済の普及は堅調に推移しており、2022 年の日本のキャッシュレス決済比率は 15％まで到達したとしている。

エ．経済産業省の「キャッシュレス・ビジョン」では、大阪・関西万博（2025年）に向けて、「未来投資戦略 2017」で設定したキャッシュレス決済比率40％の目標を前倒しし、より高いキャッシュレス決済比率を実現するとしている。

解説　キャッシュレス決済

ア適　切。モバイルウォレットは、QR コードやバーコードの読み取りや非接触のタッチ式での支払いが可能であり、リアルタイム取引のため、支払いと同時に残高から引き落としがされる。

イ適　切。デビットカードは、プリペイド（前払い）方式ではなく、リアルタイム取引であり、支払いと同時に銀行口座から引き落としがされる。

ウ不適切。2023 年 8 月に一般社団法人キャッシュレス推進協議会が公表した「キャッシュレス・ロードマップ 2023」によれば、「我が国のキャッシュレス決済比率は、2022 年に 26.8％まで到達した」とある。

エ適　切。記述の通り。

解答　ウ

問題 20. 金融の DX に関する次の文章中の（　　）に入る語句の組合せとして最も適切なものを以下のアからエまでのうち 1 つ選びなさい。

> （　a　）とは、プログラムの機能をその他のプログラムでも利用できるようにするためのインターフェイスであり、（a）を公開することにより他社のアプリで特定の機能を利用することができるようになる。
> （　b　）は、（a）の仕組みを使い、従来は銀行が提供していた決済などの機能を、クラウドサービスとして異業種企業のアプリや Web サイト上で連携して実現するものである。

ア．a．API　　　　　b．CaaS

イ．a．PMF　　　　　b．CaaS

ウ．a．API　　　　　b．BaaS

エ．a．PMF　　　　　b．BaaS

解説　API

　API（Application Programming Interface）とは、プログラムの機能をその他のプログラムでも利用できるようにするためのインターフェイスである。BaaS（Banking as a Service）は、API の仕組みを使い、従来は銀行が提供していた決済などの機能を、クラウドサービスとして異業種企業のアプリや Web サイト上で連携して実現するものである。

> API とは、プログラムの機能をその他のプログラムでも利用できるようにするためのインターフェイスであり、API を公開することにより他社のアプリで特定の機能を利用することができるようになる。BaaS は、API の仕組みを使い、従来は銀行が提供していた決済などの機能を、クラウドサービスとして異業種企業のアプリや Web サイト上で連携して実現するものである。

解答　ウ

問題 21.　OMO に関する記述として、より<u>適切な</u>ものを以下のア・イのうち１つ
　　　　　選びなさい。

　ア．OMO とは、「オンラインからオフラインへの送客」という意味である。

　イ．OMO における「オフライン」とは、主に実店舗のことを指す。

| 解説　OMO（Online Merges with Offline） |

　ア不適切。OMO とは、「Online Merges with Offline」の略で、「オンラインと
　　　　　オフラインを融合した世界」という意味である。

　イ適　切。解説アの「Online Merges with Offline」の具体的な意味は、ネット
　　　　　ショップを代表とする「Online」と実店舗を代表とするとする
　　　　　「Offline」の境界をなくして融合することである。近年まで、実店
　　　　　舗に代表されるオフラインとネットショップなどのオンラインは、
　　　　　別個のものとしてそれぞれ発展してきた。しかし現在では、デジタ
　　　　　ルや情報技術の発展、ライフスタイルの変容によって、その境目は
　　　　　なくなりつつあり、ビジネスでも私生活でもあらゆるものをデータ
　　　　　として、オンライン上でやり取りをするようになっている。

| 解答　イ |

問題 22. デジタルツインに関する次の文章中の（　　）に入る、より<u>適切な</u>語句
　　　　の組合せを、以下のア・イのうち１つ選びなさい。

> デジタルツインとは、IoT 等を活用して（　a　）の情報を取得し、
> （　b　）に（a）の環境を再現する技術である。

ア．a．サイバー空間　　　b．現実空間

イ．a．現実空間　　　　　b．サイバー空間

<u>解説　デジタルツイン</u>

　　デジタルツインとは、IoT 等を活用して現実空間の情報を取得し、サイバー
空間内に現実空間の環境を再現する技術である。

　　実際に現場へ行かなくても、リアルタイムでその場所の状態を把握すること
ができることから、シミュレーション、故障予知、保守メンテナンスなどの業
務効率化を図ることができ、製造業、プラントエンジニアリング、国土計画・
都市計画などの分野での活用が進んでいる。

> デジタルツインとは、IoT 等を活用して**現実空間**の情報を取得し、**サ
> イバー空間**に**現実空間**の環境を再現する技術である。リアルタイムで
> 取得した情報をもとにサイバー空間上で現実空間の状況を把握するこ
> と、また、サイバー空間上で現実空間の分析やシミュレーションを行
> うことなどが可能になる。

解答　イ

問題 23. 実店舗に代表されるオフラインとネットショップなどのオンラインを分けずに境界線をなくして顧客に最適なサービスを提供することにより、顧客体験の向上を目指すマーケティングの手法の名称として、より<u>適切な</u>ものを以下のア・イのうち１つ選びなさい。

ア．OMO

イ．WMS

解説　OMO（Online Merges with Offline）

ア適　切。「オンラインとオフラインを融合した世界」を意味し、オンラインとオフラインを分けずに境界線をなくして顧客に最適なサービスを提供することにより、CX（顧客体験）の向上を目指そうというものは「OMO」である。

イ不適切。「WMS」は、物流センターなどの倉庫内の業務をデジタルによって管理するシステムのことである。在庫管理、出入荷、帳票発行などを一元的に管理して、作業ミスの減少、作業時間の短縮などを通して生産性の向上が図られる。

解答　ア

問題 24. Eコマースに関する記述として、より<u>適切</u>なものを以下のア・イのうち
1つ選びなさい。

　ア．Eコマースとは、インターネットを利用した電子商取引のことである。

　イ．Eコマースのインターネットサイトは、Eサイトと呼ばれている。

解説　Eコマース

　ア適　切。記述の通り。

　イ不適切。Eコマースのインターネットサイトは、Eサイトではなく、ECサ
　　　イトと呼ばれている。

解答　ア

問題 25. 小売業の DX に関する以下のアからエまでの記述のうち、最も<u>適切では</u>ないものを 1 つ選びなさい。

ア. オムニチャネルの「オムニ」とは、「あらゆる、すべての」、「チャネル」は、「販売経路」という意味がある。

イ.「オムニチャネル」では、対面式の接客で得たオフラインの顧客情報と、ネットショッピングなどで得たオンラインの顧客情報を統合することで、購入履歴や顧客情報等の情報が一元管理され、すべてのチャネルで共有することができる。

ウ.「マルチチャネル」は、実店舗だけでなく、カタログ通販やテレビ通販、EC サイトなどチャネルが複数ある状態をいう。

エ.「マルチチャネル」は、「シングルチャネル」よりも顧客との接点が増えることで、販売機会の拡大が期待でき、チャネル間のデータ共有も可能である。

解説　小売業の DX

ア適　切。「オムニチャネル」のオムニ（omni）は、「あらゆる、すべての」、チャネル（channel）は「販売経路」という意味であり、実店舗や EC サイト、アプリ、カタログなど、顧客が商品やサービスの購買までに利用するあらゆる販売経路で顧客との接点を持ち、一貫性のあるサービスを提供する販売戦略のことである。

イ適　切。記述の通り。

ウ適　切。記述の通り。実店舗以外にも、カタログ通販やテレビ通販、EC サイトなど、チャネルが複数ある状態を「マルチチャネル」という。

エ不適切。「マルチチャネル」は、「シングルチャネル」よりも顧客との接点が増えることで、販売機会の拡大が期待できるが、「オムニチャネル」とは異なり、各チャネルが独立して機能を果たしており、それぞれのデータの統合や一元化、連携はされていない。

解答　エ

問題 26. 小売業の DX に関する以下のアからエまでの記述のうち、最も<u>適切ではないもの</u>を１つ選びなさい。

ア. 「オムニチャネル」とは、オンラインとオフラインを分けずに境界線をなくして顧客に最適なサービスを提供することにより、CX（顧客体験）の向上を目指そうという販売戦略のことである。

イ. 電波を利用して非接触で個体を識別する電子タグのことを「RFID」といい、店舗における商品の在庫管理、物流倉庫における検品作業、オフィス内の備品管理などに利用されている。

ウ. 通常の物販が生産者と消費者との間に、卸売業者と小売業者が介在するのに対し、自ら企画・生産した商品を消費者に対して直接販売する方法を「D2C」といい、自ら開設したウェブサイト等で販売を行う。

エ. 「ウェアラブルPOS」とは、POSシステムの入った腕時計型などのウェアラブル端末をいい、POSシステムをウェアラブル端末で取り扱うことで、レジ待ちの解消や在庫確認等作業の効率化などの効果がある。

解説　小売業の DX

ア不適切。本肢は OMO（Online Merges with Offline）に関する記述である。OMO は、「オンラインとオフラインを融合した世界」を意味する。「オムニチャネル」のオムニ（omni）は、「あらゆる、すべての」、チャネル（channel）は「販売経路」という意味であり、実店舗や EC サイト、アプリ、カタログなど、顧客が商品やサービスの購買までに利用するあらゆる販売経路で顧客との接点を持ち、一貫性のあるサービスを提供する販売戦略のことである。

イ適　切。記述の通り。電波を利用して非接触で個体を識別するRFタグの情報を短距離無線通信（数cm～数十m）によって送受信するシステムで、電波を利用する認証技術の総称を「RFID」という。バーコードが個別の商品についたタグを 1 枚 1 枚スキャンする必要があるのに対し、RFIDは、電波の届く距離であれば複数のタグを一気にスキャンすることが可能であり、店舗における商品の在庫管理、物流倉庫における検品作業、オフィス内の備品管理などに利用されている。

ウ適　切。記述の通り。「D2C（Direct to Consumer）」は、自らが企画・生産した商品を消費者に対して直接販売する販売方法である。従来の電子商取引にはECサイト等の仲介業者が介在したが、D2Cは、このような介在者を存在させず、生産者から消費者へダイレクトに商品を届けるものである。

エ適　切。記述の通り。ウェアラブルPOSとは、POSシステムの入ったウェアラブル端末（例えば腕時計型端末）のことである。客側にとっては、レジ待ちの解消、店舗側にとっては作業の効率化（店内作業をしながら、必要な時には決済作業を行うことができる）、リアルタイムでの在庫管理等データの共有、確認が可能となる等のメリットがある。

解答　ア

問題 27. RPA（Robotic Process Automation）の三段階の自動化レベルに関する
次の表中の（　）に入る語句の組合せとして、より<u>適切な</u>ものを以下の
ア・イのうち 1 つ選びなさい。

	クラス	主な業務範囲	具体的な作業範囲や利用技術
1	RPA	定型業務の 自動化	情報取得や入力作業、検証作業などの 定型的な作業
2	（　a　）	一部非定型業務 の自動化	RPAとAIの技術を用いることにより 非定型作業の自動化 自然言語解析、画像解析、音声解析、 マシーンラーニングの技術の搭載 非構造化データの読み取りや、知識 ベースの活用も可能
3	（　b　）	高度な自律化	プロセスの分析や改善、意思決定まで を自ら自動化するとともに、意思決定 ディープラーニングや自然言語処理

総務省「M－ICT ナウ vol.21 2018 年 5 月第 2 号」より

ア．a．CA 　　　　b．EPA

イ．a．EPA 　　　　b．CA

解説　RPA（Robotic Process Automation）

　RPAとは、ソフトウェア上のロボットによる業務工程の自動化のことであり、定型業務をRPAに任せることにより、人間は人間にしかできない、付加価値が高い、創造性のある業務に時間を割く、定型業務を担当していた社員をより付加価値の高い業務や成長分野の業務に割り振ることができるようになり、継続的な組織改革が実現することができるようになることが期待されている。

　RPAには上の表のように、三段階の自動化レベルがあるとされている。現在のRPAの多くは「クラス1」というレベルで定型業務に対応している。次期レベルの「クラス2」のEPA（Enchanced Process Automation）は、AIと連携して非定型業務でも一部が自動化され、「クラス3」のCA（Cognitive Automation）は、より高度なAIと連携することで、業務プロセスの分析や改善だけでなく意思決定までを自動化することができる。

	クラス	主な業務範囲	具体的な作業範囲や利用技術
1	RPA	定型業務の自動化	情報取得や入力作業、検証作業などの定型的な作業
2	EPA	一部非定型業務の自動化	RPAとAIの技術を用いることにより非定型作業の自動化　自然言語解析、画像解析、音声解析、マシーンラーニングの技術の搭載　非構造化データの読み取りや、知識ベースの活用も可能
3	CA	高度な自律化	プロセスの分析や改善、意思決定までを自ら自動化するとともに、意思決定　ディープラーニングや自然言語処理

解答　イ

問題 28. 人事の DX に関する次の文章中の（　　）に入る語句として適切なものを、以下のア・イのうち 1 つ選びなさい。

> HR テックとは、AI、ビッグデータ、クラウドなどの先端テクノロジーを駆使し、人事業務を効率化させ、質の向上を目指すサービスのことである。ATS は HR テックの一つであり、（　　）のことである。

　ア．採用管理システム

　イ．勤怠管理システム

解説　人事の DX

　ATS（Applicant Tracking System）とは、採用管理システムのことである。企業の採用活動において、一人ひとりの応募者が採用プロセスのどの段階にいるかを、履歴書や面接評価などと合わせて管理できるシステムのことで、採用活動の効率をアップすることができる。

> HR テックとは、AI、ビッグデータ、クラウドなどの先端テクノロジーを駆使し、人事業務を効率化させ、質の向上を目指すサービスのことである。ATS は HR テックの一つであり、**採用管理システム**のことである。

解答　ア

問題 29.　テレワークに関する記述として、より<u>適切</u>なものを以下のア・イのうち
　　　　　1つ選びなさい。

　ア．ノートパソコン、携帯電話等を活用して、移動中に臨機応変に選択した場所
　　　で行うテレワークを、サテライト型テレワークという。

　イ．リゾートなどの旅行先で行うワーケーション、ビジネスの前後に出張先など
　　　で休暇を楽しむブレジャーは、テレワークの態様の一つとされている。

解説　テレワーク

　ア不適切。ノートパソコン、携帯電話等を活用して、顧客先・訪問先・外回り先、
　　　　　　喫茶店・図書館・出張先のホテルまたは移動中に臨機応変に選択した
　　　　　　場所で行うテレワークを、モバイル型テレワークという。サテライト
　　　　　　型テレワークとは、住宅地に近接した地域にある小規模なオフィス、
　　　　　　複数の企業や個人で利用する共同利用型オフィス、コワーキングス
　　　　　　ペース等で行うテレワークである。

　イ適　切。「ワーケーション」は、Work（仕事）と Vacation(休暇)を組み合わせ
　　　　　　た造語、「ブレジャー」は、Business（ビジネス）と Leisure（レジ
　　　　　　ャー）を組み合わせた造語で、どちらもテレワークの態様の一つとさ
　　　　　　れている。

解答　イ

問題 30. WMS の説明として、より<u>適切な</u>ものを以下のア・イのうち 1 つ選びな
さい。

ア. 遠隔医療のうち、医師と患者間において、情報通信機器を通して診察・診
断を行い、診断結果の伝達や処方等の診療行為を、リアルタイムに行うシ
ステムのことである。

イ. 物流センターなどの倉庫内の業務をデジタルによって管理する倉庫管理シ
ステムのことである。

解説　WMS（Warehouse Management System）

ア不適切。遠隔医療のうち、医師と患者間において、情報通信機器を通して診
察・診断を行い、診断結果の伝達や処方等の診療行為など、リアル
タイムに行う行為のことを「オンライン診療」という。

イ適　切。物流センターなどの倉庫内の業務をデジタルによって管理するシス
テムのことをWMS（Warehouse Management System）という。
WMSでは、在庫管理、出入荷、帳票発行などを一元的に管理して、
作業ミスの減少、作業時間の短縮などを通して生産性の向上が図ら
れる。

解答　イ

問題 31. テレワークに関する以下のアからエまでの記述のうち、最も<u>適切ではない</u>
　　　　　ものを 1 つ選びなさい。

　　ア．テレワークとは、ICT（情報通信技術）等を活用して、普段仕事を行う事
　　　　務所・仕事場とは違う場所で仕事をすることである。

　　イ．テレワークの態様の一つであるサテライトオフィス勤務とは、労働者が属
　　　　する部署があるメインのオフィスではなく、住宅地に近隣した地域にある
　　　　小規模なオフィス、複数の企業や個人で利用する共同利用型オフィス、コ
　　　　ワーキングスペース等で仕事を行うものである。

　　ウ．ノートパソコン、携帯電話等を活用して、顧客先・訪問先・外回り先、喫
　　　　茶店・図書館・出張先のホテルまたは移動中など臨機応変に選択した場所
　　　　で行うテレワークをモバイルワークという。

　　エ．リゾートなどの旅行先で業務を行う「ワーケーション」は、テレワークの態
　　　　様の一つに含まれるが、ビジネスの前後に出張先などで休暇を楽しむ「ブレ
　　　　ジャー」については、含まれていない。

解説　テレワーク

　　ア適　切。記述の通り。

　　イ適　切。記述の通り。

　　ウ適　切。記述の通り。移動中などは、無線通信を利用する。

　　エ不適切。「ワーケーション」は、Work（仕事）とVacation（休暇）を組み合わ
　　　　　　　せた造語、「ブレジャー」は、Business（ビジネス）とLeisure（レ
　　　　　　　ジャー）を組み合わせた造語であり、どちらもテレワークの態様の一
　　　　　　　つとされている。

解答　エ

問題 32. RPA（Robotic Process Automation）に関する以下のアからエまでの記述のうち、最も適切ではないものを１つ選びなさい。

ア．RPA の次期レベルの「クラス２」では、AI と連携することで意思決定の自動化が可能である。

イ．定型業務を RPA に任せることは、継続的な組織改革の実現につながるとされている。

ウ．RPA の具体的な適用業務としては、主に事務職が携わる定型業務が挙げられる。

エ．RPA は煩雑で定型的な事務業務が多い金融業界で先行して導入された。

解説　RPA（Robotic Process Automation）

ア不適切。RPAの次期レベルの「クラス２」では、AIと連携して非定型業務の一部が自動化される。AIと連携することで、意思決定までを自動化することができるとされるのは、「クラス３」である。RPAには三段階の自動化レベルがあるとされ、現在のRPAの多くは「クラス１」というレベルで定型業務に対応しており、次期レベルの「クラス２」は、AIと連携することで、業務プロセスの分析や改善だけでなく意思決定までを自動化することができる。

イ適　切。定型業務をRPAに任せることにより、人間は人間にしかできない、付加価値が高い、創造性のある業務に時間を割く、定型業務を担当していた社員をより付加価値の高い業務や成長分野の業務に割り振ることができるようになり、継続的な組織改革が実現することができるようになることが期待されている。

ウ適　切。RPAの具体的な適用業務としては、帳簿入力や伝票作成、ダイレクトメールの発送業務、経費チェック、顧客データの管理、ERP、SFA（営業支援システム）へのデータ入力、定期的な情報収集など、主に事務職が携わる定型業務があげられる。

エ適　切。RPAは煩雑で定型的な事務業務が多い金融業界で先行して導入され、高い効果を発揮したことから業種を問わず多くの企業・団体に導入されつつある。

解答　ア

問題 33.　クラウドファンディングに関する記述として、より<u>適切な</u>ものを以下の
　　　　　ア・イのうち１つ選びなさい。

　　ア．クラウドファンディングとは、不特定多数の人々から少額ずつ資金を調達
　　　　する仕組みのことをいい、「クラウドファンディング＝寄付」といえる。

　　イ．クラウドファンディングには、起案者にとって、従来の手段では難しかっ
　　　　た資金調達の可能性が広がり、市場に製品が出回る前にユーザの反応も知
　　　　ることができる等のメリットがある。

　　　[解説　クラウドファンディング]

　　ア不適切。クラウドファンディングとは、インターネットを介して不特定多数の
　　　　人々から少額ずつ資金調達することをいう。クラウドファンディングには、「All-in方式」と「All-or-Nothing方式」と呼ばれるタイプがある。資金調達の目標額が達成されなくても資金は返還されない（集まった分だけ支援金を受け取ることができる）タイプはAll-in方式と呼ばれ、「寄付型」のクラウドファンディングである。一方、資金調達の目標額が達成されなかった場合は、集まった資金を返還する（集まった支援金を受け取ることができない）のが、「All-or-Nothing方式」と呼ばれるものであり、「クラウドファンディング＝寄付」ではない。

　　イ適　切。クラウドファンディングには、起案者にとっては、従来の手段では資金調達が難しかったものを、クラウドファンディングによる調達で可能性が広がったり、市場に製品が出回る前にユーザの反応も知ることができる等のメリットがある。その一方で、起案者は目標金額の資金調達ができなかったり、目標金額に達成したとしても、予期せぬトラブルにより、支援者にはリターンが提供されないというデメリットもある。

　　　　　　　　　　　　　　　　　　　　　　　　　　　　　　[解答　イ]

問題 34. ソーシャルレンディングに関する記述として、より<u>適切な</u>ものを以下の
　　　　ア・イのうち１つ選びなさい。

　ア．ソーシャルレンディングとは、インターネットを用いてファンドの募集を
　　　行い、投資者からの出資をファンド業者を通じて企業等に貸しつける仕組
　　　みのことである。
　イ．ソーシャルレンディングでは、資金運用を始めた後でも、自由に資金を動
　　　かすことができ、別の事業者に投資することも可能な利便性がある。

解説　ソーシャルレンディング

　ア適　切。ソーシャルレンディングは、「お金を借りたい企業や人」と「お金を
　　　　　貸したい企業や人」をネット上で結びつけるサービスであり、今ま
　　　　　で金融機関等が行ってきた法人や個人への貸付の原資を、ソーシャ
　　　　　ルレンディングサービスを運営する企業が、ネット上において投資
　　　　　家から募り、その資金を用いて企業への融資を行う仕組みである。
　イ不適切。ソーシャルレンディングでは、一度資金運用を始めると、その資金
　　　　　はロックされ、別の事業者に投資することなどができない。

解答　ア

問題35. シェアリングエコノミーに関する記述として、より<u>適切な</u>ものを以下の
ア・イのうち１つ選びなさい。

ア．シェアリングエコノミーとは、個人が保有する活用可能な資産等をイン
ターネットを通して必要な人に提供したり、共有したりする新しい経済の
動きやそのような形態のサービスを指し、おもに消費者同士で取引をする
C to C のビジネスモデルが多いという特徴がある。

イ．シェアリングエコノミー協会では、シェアリングエコノミーを５つに分類
しているが、シェアリングエコノミーに「スキル」を対象とするサービス
は含まれていない。

解説　シェアリングエコノミー

ア適　切。内閣官房の「シェアリングエコノミー検討会議第２次報告書」（2019
年５月）では、シェアリングエコノミーを「個人等が保有する活用
可能な資産等（スキルや時間等の無形のものを含む。）をインター
ネット上のマッチングプラットフォームを介して他の個人等も利
用可能とする経済活性化活動」としている。従来の主流であるビジ
ネスモデルは、企業が消費者を対象にモノやサービスを販売する B
to C や、企業から企業へモノやサービスを提供する B to B が中心
であるが、シェアリングエコノミーサービスには、消費者同士で取
引をする C to C のビジネスモデルが多いという特徴がある。

イ不適切。スキルのシェアとは自分の持つスキルを提供（シェア）してお金を
得る仕組みで、シェアリングエコノミーの一種である。シェアリン
グエコノミーは個人間で自分が保有する資産を提供・共有し合う経
済的な動きやサービスのことで、「資産」にはスキルや時間なども含
まれており、シェアリングエコノミー協会では、シェアリングエコ
ノミーをモノのシェア・場所のシェア・乗り物のシェア・スキルの
シェア・お金のシェアの５種類に分類している。

解答　ア

問題36. サブスクリプションに関する記述として、より<u>適切</u>なものを以下のア・イのうち1つ選びなさい。

ア．サブスクリプションとは、「料金を支払うことで、製品やサービスを一定期間利用することができる」サービスであるが、動画配信サービスにおいてはダウンロード課金型のビジネスモデルが主流となっている。

イ．サブスクリプションサービスとして、音楽配信サービスの「Spotify」や動画配信サービスの「Amazonプライム」などが知られている。

解説　サブスクリプション

ア不適切。サブスクリプションとは、「料金を支払うことで、製品やサービスを一定期間利用することができる」形式のビジネスモデルであり、動画配信サービスにおいては、従来のダウンロード課金型ではなく、定額料金を支払うことで視聴し放題で利用可能なサブスクリプションサービスのシェアが大きく上昇している。

イ適　切。記述の通り。「Spotify」は、スウェーデンの企業が運営する音楽配信のサブスクリプションサービスである。

解答　イ

問題 37. 次の a から d までの語句のうち、サブスクリプションサービスに該当するものはいくつあるか。以下のアからエまでのうち１つ選びなさい。

a．LINE

b．U-NEXT

c．Amazon Prime Video

d．メルカリ

ア．　１つ　　　イ．　２つ　　　ウ．　３つ　　　エ．　４つ

解説　サブスクリプション

　サブスクリプションとは、「料金を支払うことで、製品やサービスを一定期間利用することができる」形式のビジネスモデルであり、b．U-NEXT と c．Amazon Prime Video は、動画配信のサブスクリプションサービスである。

　a．LINE はメッセンジャーアプリ、d．メルカリはシェアリングエコノミーの形態、いわゆる「C to C」サービスの代表的なものである。

　よって、b．U-NEXT と c．Amazon Prime Video の２つが、サブスクリプションに該当するため、正答はイとなる。

解答　イ

問題 38. クラウドファンディングに関する以下のアからエまでの記述のうち、最も適切なものを１つ選びなさい。

ア．クラウドファンディングは、2000 年代のアメリカで始まり、日本では新たな資金調達の手段としてだけでなく、2011 年の東日本大震災における寄付をする際の新たなチャネルとして急速に浸透した。

イ．プロジェクトに対してお金を出した支援者が、リターンとして金銭以外の商品・サービスを受け取る、購入型のクラウドファンディングにおける「All-in 型」とは、目標金額が達成された場合に限りプロジェクトが成立して起案者が支援金を受け取る方式である。

ウ．支援者が、リターンを受け取らない「寄付」の仕組みである、寄付型のクラウドファンディングでは、支援者は一切の返礼を受け取ることはない。

エ．支援者が、株式やファンドを取得して配当やファンドの運用益の分配を受ける、投資型・金融型のクラウドファンディングは、証券取引法の規制対象となる。

解説　クラウドファンディング

ア適　切。クラウドファンディングは、インターネットの普及に伴い 2000 年代のアメリカで始まり、日本では新たな資金調達の手段としてだけでなく、2011 年の東日本大震災における寄付をする際の新たなチャネルとして急速に浸透した。

イ不適切。購入型のクラウドファンディングにおける「All-in 型」とは、目標金額が達成されなくても、支援者が１人でも出ればプロジェクトが成立して起案者が支援金を受け取る方式である。本記述は「All-or-Nothing 型」のものである。

ウ不適切。寄付型のクラウドファンディングは、プロジェクトに対してお金を出した支援者が、リターンを受け取らない「寄付」の仕組みであり、商品、サービス等のリターンはないが、記念品、活動報告など対価性のない返礼を受け取ることはある。

エ不適切。投資型・金融型のクラウドファンディングでは、金融商品が取り扱われるため、金融商品取引法の規制対象となる。

解答　ア

問題 39. MaaS に関する以下のアからエまでの記述のうち、最も<u>適切ではない</u>もの
　　　　を１つ選びなさい。

ア．MaaS は、「Mobility as a Service」の略である。

イ．MaaS は、複数の公共交通やそれ以外の移動サービスを最適に組み合わせて
　　検索・予約・決済等を一括で行うサービスのことである。

ウ．MaaS は、地域の課題解決に資する重要な手段となる。

エ．MaaS でよく知られている例は、アメリカ・ニューヨークのベンチャー企
　　業が提供する MaaS アプリ「Whim（ウィム）」のサービスである。

<u>解説　MaaS</u>

ア適　切。「MaaS」は、「Mobility as a Service（サービスとしての移動）」の
　　　　略である。

イ適　切。MaaS は、地域住民や旅行者一人一人のトリップ単位での移動ニーズ
　　　　に対応して、複数の公共交通やそれ以外の移動サービスを最適に組み
　　　　合わせて検索・予約・決済等を一括で行うサービスのことである。公
　　　　共交通機関のほかに、タクシー、シェアサイクル、カーシェア、ラ
　　　　イドシェアなどが対象となる。

ウ適　切。MaaS は、公共交通機関、移動サービスと、観光や医療等の目的地に
　　　　おけるサービス等との連携により、移動の利便性向上や地域の課題解
　　　　決にも資する重要な手段となるものとされている。

エ不適切。MaaS を世界で初めて都市交通において実現した事例として注目さ
　　　　れているのは、フィンランド・ヘルシンキのベンチャー企業「MaaS
　　　　グローバル」が提供するサービス「Whim（ウィム）」である。

解答　エ

問題 40. シェアリングエコノミーに関する以下のアからエまでの記述のうち、最も
　　　　適切ではないものを 1 つ選びなさい。

　ア．シェアリングエコノミーは、既存の企業との共存を目指す活動である。

　イ．シェアリングエコノミーとは、個人等が保有する活用可能な資産等を、イ
　　　ンターネット上のマッチングプラットフォームを介して他の個人等も利
　　　用可能とする経済活性化活動のことであり、ここでいう「資産等」には無
　　　形のものも含まれる。

　ウ．シェアリングエコノミーのサービスには、C to C のビジネスモデルが多い
　　　という特徴がある。

　エ．シェアリングエコノミーの2032年度の既存産業への経済波及効果は約10兆
　　　円と予測されている。

解説　シェアリングエコノミー

ア　不適切。シェアリングエコノミーについて、「既存の企業との共存を目指す」という定義はない。シェアリングエコノミーの企業の中には、既存の企業の活動に大きな影響を与え、デジタルディスラプターといえるものもある。例えば、配車サービスの Uber や民泊仲介サービスの Airbnb といったシェアリングエコノミーの出現は、既存の業界に破壊的な打撃を与えたといわれている。

イ　適　切。シェアリングエコノミーの対象となる「資産等」には、無形のものも含まれる。内閣官房シェアリングエコノミー促進室においては、シェアリングエコノミーを「個人等が保有する活用可能な資産等（スキルや時間等の無形のものを含む。）を、インターネット上のマッチングプラットフォームを介して他の個人等も利用可能とする経済活性化活動」と説明している。

ウ　適　切。従来の主流であるビジネスモデルは、企業が消費者を対象にモノやサービスを販売する B to C や、企業から企業へモノやサービスを提供する B to B が中心であるが、シェアリングエコノミーサービスには、そこに当てはまらない、消費者同士で取引をする C to C のビジネスモデルが多いという特徴がある。

エ　適　切。一般社団法人シェアリングエコノミー協会の調査では、2032 年度の既存産業への経済波及効果は 9 兆 9,045 億円と、シェアリングエコノミーの成長は既存産業へもかなり好影響を与えることがわかった。

解答　ア

第3章　DX企業の現状

問題41. デジタルディスラプターに関する記述として、より<u>適切</u>なものを以下の
　　　　ア・イのうち1つ選びなさい。

ア．デジタルテクノロジーによる新しいビジネスモデルを実現させた企業が
　　市場に参入した結果、既存企業が市場からの退出を余儀なくされること
　　を、デジタルディスラプションという。

イ．既存企業を市場から退出させた先発のデジタル企業が、後発のデジタル
　　企業によるディスラプションの対象となった事例はない。

|解説　デジタルディスラプション|

ア適　切。DXは、自社にとどまらず、業界や社会全体を巻き込んだ破壊的変化
　　　　を伴うことがあり、デジタル企業が市場に参入した結果、既存企業
　　　　が市場からの退出を余儀なくされる事例が出ている。これをデジタ
　　　　ル・ディスラプション（デジタルによる破壊）という。

イ不適切。デジタル化競争には、「新たなデジタル企業が既存事業の事業を破壊
　　　　する競争」と「より早くデジタル化を達成した既存の大企業が同業
　　　　他社を圧倒する競争」の2つがあるとされる。そのため、企業が現
　　　　状の売上高や顧客、市場占有率などの地位を維持するには、デジタ
　　　　ル化競争の中でも絶えず進化し続ける必要がある。Appleの「iTunes」
　　　　の例のように、先発のデジタル企業が、後発のデジタル企業による
　　　　ディスラプションの脅威にさらされる事象も起きている。

|解答　ア|

問題 42. デジタル・プラットフォーマーに関する記述として、より<u>適切な</u>ものを
以下のア・イのうち１つ選びなさい。

ア．経済産業省などが示す、巨大デジタル・プラットフォーマーの特徴の一つ
として、社会経済に不可欠な基盤を提供していることが挙げられる。

イ．経済産業省などが示す、巨大デジタル・プラットフォーマーの特徴の一つ
として、設計・運営・管理する市場の操作性や透明性が高いことが挙げら
れる。

解説　デジタル・プラットフォーマー

ア適　切。経済産業省、公正取引委員会、総務省の「プラットフォーマー型ビ
ジネスの台頭に対応したルール整備の基本原則」（2018 年 12 月 18
日）では、巨大デジタル・プラットフォーマーには特に次の特徴が
あるとしている。

・社会経済に不可欠な基盤を提供している。

・多数の消費者（個人）や事業者が参加する市場そのものを設計・
運営・管理する存在である。

・当該市場は操作性や不透明性が高い。

イ不適切。「当該市場の透明性が高い」が誤りで、正しくは「当該市場の不透明
性が高い」である。

解答　ア

問題43. GAFAに関する記述として、より<u>適切な</u>ものを以下のア・イのうち1つ選びなさい。

ア.「GAFAに、（　　　）の頭文字を加えたGAFAMという呼称もある。」の（　　　）に入る語句は、「メタ・プラットフォームズ」である。

イ. 巨額の利益を上げているGAFAなどアメリカの巨大IT企業に対して、実際に利用者がいて売り上げがある国や地域が課税することができないとの不満を受けて、拠点の有無にかかわらず、サービスの利用者がいる国は企業に税負担を求められるようにする、いわゆる「デジタル課税」の導入が進められている。

解説　GAFA

ア不適切。「GAFAM」は、「GAFA」に、マイクロソフトの頭文字「M」を加えたものである。

イ適　切。インターネットを通して国境を越えて事業を展開し、巨額の利益を上げているGAFAなどアメリカの巨大IT企業に対して、実際に利用者がいて売り上げがある国や地域が課税することができないとの不満が高まっている。2021年10月に開催されたG20財務相・中央銀行総裁会議で経済のグローバル化とデジタル化に対応した国際課税の枠組みについて閣僚レベルで最終合意し、拠点の有無にかかわらず、サービスの利用者がいる国は企業に税負担を求められるようにする、いわゆる「デジタル課税」の導入が2023年の発効を目指して進められていた。

《追記》日米欧や中国、インドなどを含む138か国・地域は2023年7月12日、国際課税のルールを改める多国間条約の大枠をまとめた。国内に事業拠点を持たない巨大IT（情報技術）企業などにも各国が課税できるようにする。年末までに署名し、2025年の発効を目指している。

解答　イ

問題44.　「ビッグテック」の説明として、より<u>適切な</u>ものを以下のア・イのうち
　　　　１つ選びなさい。

　ア．GAFA、マイクロソフトなどのアメリカの巨大な IT 企業の総称である。

　イ．GAFA、マイクロソフトなどが提供する、AI、クラウドなどのテクノロジー
　　　の総称である。

解説　GAFA

　「ビッグテック」は、いわゆる GAFA、マイクロソフトなどのアメリカの巨大
な IT 企業の総称である。

　「GAFA」にマイクロソフトを加えて、「GAFAM」、ネットフリックスを加え
て「FANGAM」等、企業名の頭文字の組合せの呼称があるが、アメリカでは巨
大な IT 企業の総称として「GAFA」、「GAFAM」などは使用されず、「ビッグ
テック」を使用する方が一般的ともいわれている。

解答　ア

問題 45. 以下のアからエまでの企業のうち、アメリカの巨大な IT 企業名の頭文字の組合せである「FANGAM」に該当しないものを1つ選びなさい。

ア．Netflix

イ．Facebook（現：Meta Platforms）

ウ．Microsoft

エ．NVIDIA

解説　ビッグテック

　　日本ではアメリカの巨大な IT 企業の総称として「GAFA（Google、Apple、Facebook（現：Meta Platforms）、Amazon）」がよく知られるが、前述の「GAFA」に Microsoft を加えて「GAFAM」、さらに Netflix を加えて「FANGAM」となる。よって、「NVIDIA（エヌビディア）」は該当しない。

　　「FANG」（ファング：Facebook、Amazon、Netflix、Google）とは、アメリカ株式市場における代表的な IT 企業の呼称で、「FANG」に Apple を加えると「FAANG」、「NVIDIA」を加えると「FANNG」と呼ばれる。

※「NVIDIA」は、アメリカの有力企業の一つであり、半導体の開発・製造を行う会社として知られる。

解答　エ

問題 46. デジタルディスラプターに関する以下のアからエまでの記述のうち、最も適切ではないものを1つ選びなさい。

ア. デジタルテクノロジーによる新しいビジネスモデルを実現させた企業が市場に参入した結果、既存企業が市場からの退出を余儀なくされることを「デジタルディスラプション」という。

イ. 米国では、Amazon（アマゾン）に代表されるインターネット通販サービスの台頭により、大手の小売事業者が経営破綻したほか、Netflix などのインターネット動画配信サービスが登場したことで、大手レンタルビデオ・DVD チェーンが倒産に追い込まれた。

ウ. デジタルディスラプターが生まれやすくなっている背景として、近年、デジタル技術の活用へのハードルが大きく上がっていることが挙げられる。

エ. 既存企業を市場から退出させた先発のデジタル企業が、後発のデジタル企業による脅威にさらされる事象も起きている。

ア適　切。記述の通り。デジタルディスラプションの担い手であるデジタルディ
　　　　スラプターは、自身の持つ技術によって新たなコスト構造に適した形
　　　　のビジネスモデルを構築し、従来型のビジネスモデルや商習慣に風穴
　　　　を開けることで、既存企業の存続を困難にさせている。

イ適　切。記述の通り。

ウ不適切。「ハードルが大きく上がっている」が誤りで、正しくは「ハードルが
　　　　大きく下がっている」である。従来は、情報システムの構築や新技
　　　　術の導入には、多額の投資と長い期間を要していたが、クラウド
　　　　サービスの登場で、自ら情報システムを所有する必要がなくなった
　　　　ほか、AI や IoT といったデジタル技術が飛躍的に発展し、かつ、こ
　　　　れら技術の低廉化・コモディティ化が進み利用が容易になっている
　　　　こと、さらにマーケティングや試作品の製作も、インターネット上
　　　　のサービスを利用することで迅速かつ安価にできるようになるな
　　　　ど、デジタル技術の活用へのハードルが大きく下がっていることか
　　　　ら、デジタルを実装した新興勢力が誕生し、既存勢力を脅かす環境
　　　　が生まれやすくなっている。

エ適　切。先発のデジタル企業が、後発のデジタル企業によるディスラプショ
　　　　ンの脅威にさらされる事象も起きている。iTunes が Spotify などの
　　　　出現により衰退した例がある。

解答　ウ

問題 47. 以下のアからエまでのうち、Google（グーグル）の事業とサービス名の組合せとして最も適切ではないものを１つ選びなさい。

ア．Web ブラウザ　　　　　　　— Google Chrome

イ．スマートフォン向け OS　　　— Android

ウ．動画共有サービス　　　　　— Google Play

エ．メールサービス　　　　　　— Gmail

解説　Google

ア適　切。Google の Web ブラウザは、Google Chrome である。

イ適　切。Google のスマートフォン向け OS は、Android である。

ウ不適切。Google が運営している動画共有サービスは、「YouTube」である（Google は、2006 年 10 月、スタートアップ企業であった YouTube を買収）。「Google Play」とは、Google が Android を搭載したスマートフォンやタブレット向けに運営する、ソフトウェアやコンテンツの配信・販売サービスのことである。

エ適　切。Google のメールサービスは、Gmail である。

解答　ウ

問題48. Google（グーグル）に関する以下のアからエまでの記述のうち、最も適切ではないものを１つ選びなさい。

　ア．Googleは、1998年の創業当初より独自のアルゴリズムによる検索エンジンの開発を進めて成長し、世界最先端の検索エンジンをはじめとして、多数のサービスを展開する企業である。

　イ．Googleの事業には、スマートフォン向けOSのアンドロイド、ウェブブラウザのEdge、コンテンツ配信サービスのGoogle Playなどがある。

　ウ．Googleの広告には、広告掲載先向けのGoogleアドセンスと広告主向けのGoogle広告があり、Googleアドセンスは、サイト運営者がオンラインコンテンツに広告を表示することにより収益を得ることが可能なものである。

　エ．Gmailは、Googleが提供するメールサービスであり、無料で利用可能であるが、メールボックスの容量には制限があり、容量を追加する場合には、有料となる。

解説　Google

　ア適　切。記述の通り。Google は「世界中の情報を整理し、世界中の人々がアクセスして使えるようにすること」を自社の使命としている。

　イ不適切。Google の事業には、スマートフォン向け OS のアンドロイド、コンテンツ配信サービスの Google Play などがあるが、Google のウェブブラウザは、Chrome である。

　ウ適　切。記述の通り。Google 広告は、自社のビジネスに関連したキーワードを検索しているユーザに自社の広告を表示するものである。

　エ適　切。記述の通り。Gmail は、月額料金を支払うことにより、メールボックスを含めたストレージの容量を追加することが可能である。

解答　イ

問題 49. Apple（アップル）に関する以下のアからエまでの記述のうち、最も<u>適切</u>
<u>な</u>ものを１つ選びなさい。

ア．Appleは、「GAFA」と呼ばれる企業の中では２番目に古い歴史を持つ企業
である。

イ．Appleの特徴はハードウェアとソフトウェアの両方を手がけることで、そ
の業態は他のGAFAの先駆けとなっている。

ウ．Appleが提供するクラウドサービスは、「AWS」である。

エ．2007年のiPhone発売以前のAppleの主力製品は、パーソナルコンピュータ
（PC）の「Unix」であった。

解説　Apple

ア不適切。AppleはGAFAの中では最も古い歴史を持つ（Apple1976年、
　　　Google1998年、Amazon1995年、Facebook2004年）企業である。

イ適　切。Appleはハードウェアとソフトウェアの両方の製品を手掛けている。

ウ不適切。Appleのクラウドサービスは、iCloudである。AWSは、Amazonのク
　　　ラウドサービス（Amazon Web Service）である。

エ不適切。「Unix」が誤りで、正しくは「Macintosh」である。かつてはApple
　　　といえば、パーソナルコンピュータ（PC）のMac（Macintosh）が
　　　主力製品であった。Macの販売は現在も続いているが、現在の主力
　　　製品は、2007年に発売された携帯電話端末のiPhoneである。

解答　イ

問題 50. Apple（アップル）に関する以下のアからエまでの記述のうち、最も<u>適切</u><u>な</u>ものを 1 つ選びなさい。

ア．Apple が、2007 年に発表したスマートフォン「iPhone」は、そのデザイン性の高さと使いやすさから人気を博し、世界的にフィーチャーフォンからスマートフォンへの移行が始まった。

イ．iPhone 発売以前の Apple の主力製品は、パーソナルコンピュータ（PC）の「Unix」であった。

ウ．Apple が運営するクラウドサービスは、「Azure」である。

エ．Apple が 2023 年 6 月に発表した「Apple Vision Pro」は、折り畳み型のタブレットで、「空間コンピュータ」と位置づけられている。

解説　Apple

ア適　切。2007 年に発売された携帯電話端末の iPhone は、携帯電話端末とはいえ、その機能は電話というよりも PC に近く、その登場は人々の生活を大きく変えた。

イ不適切。「Unix」が誤りで、正しくは「Macintosh」である。かつては Apple といえば、パーソナルコンピュータ（PC）の Mac（Macintosh）が主力製品であった。

ウ不適切。Apple のクラウドサービスは、iCloud である。Azure は、Microsoft のクラウドサービスである。

エ不適切。Apple が 2023 年 6 月 5 日に発表した「Apple Vision Pro」は、AR に対応した、ゴーグル型の HMD（ヘッドマウントディスプレー）で、同社は「空間コンピュータ」と位置づけている。

解答　ア

問題51. Meta Platforms（メタ・プラットフォームズ）に関する以下のアからエまでの記述のうち、最も適切ではないものを1つ選びなさい。

ア．Meta Platforms（旧Facebook）の創業は2004年で、GAFAの中では最も新しい企業である。

イ．仮想空間「メタバース」の開発に力を入れており、2021年には、社名をFacebookから「Meta Platforms」に変更した。

ウ．Meta Platformsが運営している「Facebook」の利用は無料だが、登録時に実名を登録する必要がある。

エ．画像共有サービスの「Dropbox」、メッセージアプリの「WhatsApp」を買収して、事業の拡大を図ってきた。

解説　Meta Platforms

ア適　切。Meta Platformsは、GAFAの中では最も創業時期が新しい（Google1998年、Apple1976年、Amazon1995年）。

イ適　切。2021年10月、「メタバース」企業を目指すとして、社名を「Meta Platforms」に変更した。

ウ適　切。記述の通り。「Facebook」の利用は無料だが、登録時に実名を登録しなければならない。

エ不適切。「Dropbox」が誤り。Meta Platformsは、2012年に「Instagram」を買収し、2014年には、「WhatsApp」を買収した。「WhatsApp」という名前は「What's Up（調子はどう？）」というフレーズから来ている。なお、Dropboxとは、Dropbox, Inc.が提供しているクラウドベースのストレージサービスであり、写真やファイルなどを共有することができる。

解答　エ

問題52. Meta Platforms（メタ・プラットフォームズ）に関する以下のアからエ
　　　までの記述のうち、最も適切ではないものを1つ選びなさい。

　ア．SNSサービス「Facebook」は、ニックネームのみを登録することで利用で
　　　きる簡便さから、世界中で利用者数を増やしている。

　イ．「Facebook」の利用は無料であり、Meta Platformsの収益の多くは広告に
　　　よるものである。

　ウ．Meta Platformsは、Facebook時代に、画像共有サービスのInstagram、メッ
　　　セージアプリのWhatsAppなどの企業を買収して事業拡大を図ってきた。

　エ．Meta Platformsは近年、VRやARの技術に力を入れており、仮想空間の「メ
　　　タバース」の開発を進めているが、メタバースとは、「超（meta）」と「宇
　　　宙（universe）」を組み合わせた造語である。

解説　Meta Platforms

　ア不適切。SNS「Facebook」の利用者は、実名や住所等のデータを最初に登録
　　　　　する必要がある。

　イ適　切。記述の通り。Facebook は実名登録が必要なため、ユーザの誕生日、
　　　　　出身地、出身校など多くの個人情報を取得し、趣味嗜好や行動範囲
　　　　　まで把握できる。そのため、Facebook 広告は、ターゲットを細かく
　　　　　設定することができ、利用者の多さと、膨大な情報、データの蓄積
　　　　　および分析により高い精度の広告サービスを提供し、膨大な広告収
　　　　　益につなげている。

　ウ適　切。記述の通り。Facebook 時代の 2012 年に画像共有サービスの
　　　　　Instagram、2014 年にメッセージアプリの WhatsApp を買収する
　　　　　など、多くの企業を買収して事業拡大を図ってきた。

　エ適　切。近年、仮想現実（VR）や拡張現実（AR）の技術に力を入れており、
　　　　　仮想空間の「メタバース」の開発を進めており、メタバースとは、
　　　　　「超（meta）」と「宇宙（universe）」を組み合わせた造語である。

解答　ア

問題 53. Amazon（アマゾン）に関する以下のアからエまでの記述のうち、最も<u>適切</u>ではないものを１つ選びなさい。

ア．1995年に創業した当時は、インターネット専門の書店という位置づけであったが、現在では、コンテンツ、家電・家庭用品、衣類、食品・飲料など多くの商品を扱っている。

イ．Amazonの急成長に伴い、さまざまな市場で進行している混乱や変革などの現象のことを、「Amazonショック」という。

ウ．「Kindle」とは、Amazonが提供している「電子書籍関連サービス」のことをいい、Amazonが販売している電子書籍を読むための専用端末の名称でもある。

エ．Amazonが運営する「Amazon Go」は、アメリカで2018年に一般公開されたレジのない実店舗のことである。

解説　Amazon

ア適　切。Amazonは1995年創業のアメリカのＥコマース企業であり、創業当初はインターネット専門の小売店（書店）という位置づけであったが、現在は書籍のみならず、コンテンツ（音楽・映像・ゲーム）、家電・家庭用品、衣類、食品・飲料など多くの商品を扱っている。

イ不適切。Amazonの急成長に伴い、さまざまな市場で進行している混乱や変革などの現象のことを、「Amazonエフェクト」という。

ウ適　切。記述の通り。「Kindle」とは、Amazonが製造・販売する電子書籍リーダーや電子書籍、電子書籍閲覧再生のための専用アプリ、また、関連するクラウドサービスなどの総称である。

エ適　切。記述の通り。

解答　イ

問題54. Amazon（アマゾン）に関する以下のアからエまでの記述のうち、最も適切なものを1つ選びなさい。

ア.「Alexa Together」は、アメリカでAmazonが運営する高齢者の見守りサービスである。

イ. Amazonの急成長に伴い、さまざまな市場で進行している混乱や変革などの現象のことを、「ロングテール」という。

ウ.「Kobo」とは、Amazonが提供している「電子書籍関連サービス」のことをいい、Amazonが販売している電子書籍を読むための専用端末の名称でもある。

エ. Amazonが運営する「Zoox（ズークス）」は、アメリカで2018年に公開されたレジのない実店舗のことである。

解説　Amazon

ア適　切。記述の通り。「Alexa Together」は、Amazonが運営する高齢者見守りのサブスクリプションサービスであるが、2023年現在、日本でのサービス提供はされていない。

イ不適切。Amazonの急成長に伴い、さまざまな市場で進行している混乱や変革などの現象のことを、「Amazonエフェクト」という。

ウ不適切。Amazonが製造・販売する電子書籍リーダーや電子書籍、電子書籍閲覧再生のための専用アプリ、また、関連するクラウドサービスなどの総称は「Kindle」である。

エ不適切。アメリカで2018年に公開されたレジのない店舗は、「Amazon Go」である。「Zoox」は、Amazon傘下の自動運転車を開発する企業である。

解答　ア

問題 55. Airbnb（エアビーアンドビー）に関する記述として、より<u>適切な</u>ものを
以下のア・イのうち１つ選びなさい。

ア．Airbnbは、インターネットを通じて空き部屋や不動産などの賃貸をマッチ
ングするサービスであり、2008年にアメリカでサービスが開始された。

イ．Airbnbの事業は、ホストがAirbnbに支払う手数料により成り立っており、
ゲストによる評価が高いほど、ホストが支払う手数料が減額されるシステ
ムである。

解説　Airbnb

ア適　切。記述の通り。

イ不適切。Airbnbの事業は、ゲスト（宿泊者）とホスト（宿泊提供者）双方
からの手数料がAirbnb自体の利益となる仕組みである。予約確
定時に支払う、宿泊予約のサービス料には、２種類の料金体系が
あり、ホストとゲストでサービス料を分割負担するものと、ホス
トのみが負担するものがあるが、ホストとゲストがサービス料
を分割負担するのが一般的である。Airbnbのサービスでは、ゲス
トとホストの信頼性を高めるために、ゲストによるホストの評価、
ホストによるゲストの評価を投稿する仕組みが採用されており、ゲ
ストによる評価次第でホストが支払う手数料は変動しない。

解答　ア

問題 56. LINE（ライン）に関する記述として、より<u>適切</u>なものを以下のア・イの
うち１つ選びなさい。

ア．メッセンジャーアプリ LINE の月間ユーザ数は、約 7,000 万人（2023 年
6 月末時点）である。

イ．LINE ヤフー株式会社のミッションは、「『WOW』なライフプラットフォー
ムを創り、日常に『！』を届ける。」である。

解説　LINE（ライン）

ア不適切。メッセンジャーアプリ LINE の月間ユーザ数は、約 9,500 万人（2023
年 6 月末時点）である。

イ適　切。LINE ヤフー株式会社のミッションは、「『WOW』なライフプラット
フォームを創り、日常に『！』を届ける。」とされている。同社の CEO
メッセージには、「『WOW』は LINE が、『！（びっくり）』はヤフー
が長年大切にしてきた価値観で、他の人に教えたくなるような、驚
きを超える体験や感動を生み出すという意志が詰まっています。」
とある。

解答　イ

問題 57. メルカリに関する記述として、より<u>適切な</u>ものを以下のア・イのうち1
つ選びなさい。

ア. メルカリは、消費者同士の中古品の売買をスマートフォンで完結できるフ
リマアプリ「メルカリ」を運営する日本企業で、サービスは、国内に限定
されている。

イ. メルカリは、スマホ決済サービス「メルペイ」も運営しており、メルペイ
の残高を利用して、自治体や慈善団体、大学、NPOなどに売上金を寄付す
ることができる。

| 解説　メルカリ |

ア不適切。「国内に限定されている」が誤り。メルカリは「新たな価値を生みだ
　　す世界的なマーケットプレイスを創る」というミッションを掲げて
　　おり、創業翌年の 2014 年より米国での事業を開始している。

イ適　切。「メルカリ寄付」では、出品して得た商品の売上金を、メルペイ残高
　　を通じて指定した寄付先に寄付をすることができる。メルカリ寄付
　　は、メルカリアプリ（iOS,Android）から利用が可能で、「アプリで
　　かんたん本人確認」を完了することで、売上金が「メルペイ残高」
　　となり、寄付することができるようになる。

| 解答　イ |

問題 58. Uber Technologies（ウーバー・テクノロジーズ）に関する記述として、
より<u>適切</u>なものを以下のア・イのうち1つ選びなさい。

ア．Uber Technologiesは、配車マッチングサービスを主軸として展開している
アメリカの企業であり、日本においても自家用車のオーナーと利用者との
マッチングサービスを展開している。

イ．料理宅配サービスのUber Eatsは、2020年以降、新型コロナウイルスの感
染拡大に伴う外出自粛の影響を受けて利用が拡大した。

解説　Uber Technologies

ア不適切。自家用車の配車サービスが道路運送法に抵触することから、Uber
Technologies は、アメリカで行われている本来の配車サービスを日
本では行っていない。なお、一般ドライバーが有償で顧客を送迎す
るライドシェアが、2024 年4月から条件つきで解禁されることが,
2023 年 12 月に発表された。Uber のサービスは、今後、日本でも
普及する可能性はある。

イ適　切。記述の通り。

解答　イ

問題 59. 「BATH」に関する以下のアからエまでの記述のうち、最も適切ではないものを１つ選びなさい。

企業名	内容
（　a　）	中国最大の検索エンジン事業者で、検索エンジンをベースにAI技術に注力し、最新の大規模言語モデルに基づいた生成AI「文心一言」を2023年3月に発表
騰訊 （テンセント）	中国最大の SNS アプリプラットフォーマーで、「（　b　）」を基盤に決済、ゲーム等を提供し、巨大なデジタルエコシステムを構築
（　c　）	世界最大の流通総額をもつeコマース事業者で、データテクノロジーを駆使し、マーケティングから物流、決済に至るまでのサービスを提供
（　d　）	世界的なリーディング通信機器ベンダー企業で、テレコムネットワーク、IT、スマートデバイス、クラウドサービスの４つの主力分野に事業を展開

出典：令和５年版「情報通信白書」

ア．（a）は、百度（バイドゥ）である。

イ．（b）は、「Weibo」である。

ウ．（c）は、阿里巴巴集団（アリババグループ）である。

エ．（d）は、華為技術（ファーウェイ）である。

解説　BATH

　中国の巨大 IT 企業である、バイドゥ（Baidu：百度）、アリババグループ
（Alibaba：阿里巴巴集団）、テンセント Tencent：騰訊）の頭文字を取った呼
び方「BAT」に、ファーウェイ（Huawei：華為技術）を加えて「BATH」であ
り、アリババグループは電子商取引、テンセントは SNS などの総合サービス、
バイドゥは検索サービスを中心として事業を拡大させ、ファーウェイ
（Huawei：華為技術）は通信機器・ネットワークをてがけ、中国の巨大プラッ
トフォーム企業となっている。

　騰訊の SNS アプリは「WeChat」である。「Weibo」は、中国圏最大のソーシ
ャルメディアであり、中国語では「微博」と表記する。

企業名	内　　容
百度 （バイドゥ）	中国最大の検索エンジン事業者で、検索エンジンをベースに AI 技術に注力し、最新の大規模言語モデルに基づいた生成 AI「文心一言」を 2023 年 3 月に発表
騰訊 （テンセント）	中国最大の SNS アプリプラットフォーマーで、「WeChat」を基盤に決済、ゲーム等を提供し、巨大なデジタルエコシステムを構築
阿里巴巴集団 （アリババグループ）	世界最大の流通総額をもつ e コマース事業者で、データテクノロジーを駆使し、マーケティングから物流、決済に至るまでのサービスを提供
華為技術 （ファーウェイ）	世界的なリーディング通信機器ベンダー企業で、テレコムネットワーク、IT、スマートデバイス、クラウドサービスの 4 つの主力分野に事業を展開

解答　イ

問題 60. メルカリに関する以下のアからエまでの記述のうち、最も<u>適切ではない</u>ものを 1 つ選びなさい。

ア. フリマアプリ「メルカリ」の運営会社である株式会社メルカリは、2013 年に設立された。

イ. フリマアプリ「メルカリ」は、中古品の消費者同士の売買であるフリーマーケットをスマートフォンを通して再現するサービスであり、膨大な商品の出品、落札管理や不正監視などに AI が活用されている。

ウ.「メルカリ」の関連会社である株式会社メルペイは、スマホ決済サービス「メルペイ」を運営しており、同社のサービスでは、メルカリの売上金や、銀行口座からチャージした金額は、メルカリアプリ内や、実店舗で使うことができる。

エ.「メルカリ」は、フリーマーケットをスマートフォンを通して再現するサービスであり、商品を持つ人と商品を求める人をマッチングする、いわゆる「B to C」サービスの代表的なものである。

解説　メルカリ

ア適　切。記述の通り。2013 年に設立され、売上高 1,000 億円を超える企業（2021 年 6 月期）に急速に発展した。

イ適　切。記述の通り。

ウ適　切。メルカリが運営しているスマホ決済サービスは「メルペイ」である。

エ不適切。「B to C」が誤り。正しくは、「C to C」サービスである。

解答　エ

【第2課題　DXの技術】

第1章　AI

問題 61. AI に関する記述として、より<u>適切</u>なものを以下のア・イのうち1つ選びなさい。

ア.「AI」という言葉には、学術的に統一された定義はない。

イ. 特化型人工知能は「強いAI」と呼ばれることもある。

解説　AI（Artificial Intelligence）

ア適　切。専門家や研究者の間でも「AI」に関する確立した学術的な定義、合意はない。初めて「AI」という言葉を使用したといわれる計算機科学者のジョン・マッカーシー教授は、AIを「知的な機械、特に、知的なコンピュータプログラムを作る科学と技術」と説明している。

イ不適切。AIは、「汎用人工知能」と「特化型人工知能」に大別され、汎用人工知能は「強いAI」、特化型人工知能は「弱いAI」と呼ばれることもある。なお、「強いAI」は、意識や自我を持つAIのことを指すこともあり、必ずしも「汎用人工知能」と対応するものではないという考え方もある。

解答　ア

問題 62. AI に関する記述として、より<u>適切な</u>ものを以下のア・イのうち１つ選びなさい。

ア．AIとは、1956年に開催された国際学会であるダートマス会議において、計算機科学者のジョン・マッカーシー教授が初めて使用した言葉であり、その後、1950年代後半〜1960年代が第一次AIブームと言われる時代になった。

イ．第二次AIブームは1980年代に訪れ、第三次AIブームは2000年代から現在まで続いており、第二次AIブームの時代に「機械学習」が実用化された。

解説　AI（Artificial Intelligence）

ア適　切。記述の通り。AIは、Artificial Intelligenceの略であり、米国の計算機科学者のジョン・マッカーシー教授が初めてAIという言葉を使用した後、1950年代後半〜1960年代が第１次AIブームと言われる時代となった。

イ不適切。「機械学習」が実用化されたのは、第三次AIブームの時代である。

解答　ア

問題 63. AI に関する以下のアからエまでの記述のうち、最も適切ではないもの
　　　　を1つ選びなさい。

ア. AI とは、1956 年に開催された国際学会であるダートマス会議において、
　　計算機科学者のジョン・マッカーシー教授が初めて使用した用語であり、
　　「知的な機械、特に、知的なコンピュータプログラムを作る科学と技術」
　　と説明されている。

イ. AI の研究は 1950 年代から続いているが、2000 年代から現在まで続いて
　　いるのは、第三次 AI ブームで、この時代には、AI 自身が知識を獲得する
　　「機械学習」が実用化され、ディープラーニングが登場した。

ウ. 一般社団法人人工知能学会は、「人工知能の研究には二つの立場があり、
　　一つは、人間の知能そのものをもつ機械を作ろうとする立場、もう一つ
　　は、人間が知能を使ってすることを機械にさせようとする立場」と記し
　　ている。

エ. AI は、汎用人工知能と特化型人工知能に大別され、特化型人工知能とは、
　　さまざまな思考・検討を行うことができ、初めて直面する状況に対応でき
　　る人工知能のことである。

| 解説　AI（Artificial Intelligence） |

ア適　切。AI の定義は研究者によって異なり、マッカーシー教授がまとめた
　　　　FAQ 形式の AI の解説では、AI を「知的な機械、特に、知的なコン
　　　　ピュータプログラムを作る科学と技術」と説明している。

イ適　切。記述の通り。

ウ適　切。一般社団法人人工知能学会は、人工知能の研究には2つの立場があ
　　　　るとし、「一つは、人間の知能そのものをもつ機械を作ろうとする立
　　　　場、もう一つは、人間が知能を使ってすることを機械にさせようと
　　　　する立場」と記している。

エ不適切。さまざまな思考・検討を行うことができ、初めて直面する状況に対
　　　　応できる人工知能とは、「汎用人工知能」のことである。「特化型人
　　　　工知能」とは、特定の内容に特化した思考・検討にだけに優れてい
　　　　る人工知能のことである。

| 解答　エ |

問題 64. AI に関する以下のアからエまでの記述のうち、最も<u>適切な</u>ものを 1 つ
選びなさい。

ア．AI の研究は 1950 年代から続いているが、1980 年代に訪れた第三次 AI
ブームでは、専門分野の知識を取り込んだ上で推論することで、その分野
の専門家のように振る舞うプログラムであるエキスパートシステムが実
用化された。

イ．一般社団法人人工知能学会は、AI の研究には「人間の知能そのものをもつ
機械を作ろうとする立場」と「人間が知能を使ってすることを機械にさせ
ようとする立場」の 2 つがあるとしている。

ウ．AI は、汎用人工知能と特化型人工知能に大別され、特化型人工知能とは、
さまざまな思考・検討を行うことができ、初めて直面する状況に対応でき
る人工知能のことである。

エ．AI と「機械学習」「ディープラーニング」には包含関係があり、AI に関わ
る分析技術として「ディープラーニング」が挙げられ、「ディープラーニン
グ」の一つの技術として「機械学習」が挙げられる。

解説　AI（Artificial Intelligence）

ア不適切。1980 年代に訪れたのは、第二次 AI ブームである。2010 年頃から
現在まで続いているのが第三次 AI ブームとされている。

イ適　切。一般社団法人人工知能学会では、人工知能研究には「人間の知能そ
のものをもつ機械を作ろうとする立場」、「人間が知能を使ってする
ことを機械にさせようとする立場」の 2 種類があると示し、実際の
研究のほとんどは後者と記している。

ウ不適切。さまざまな思考・検討を行うことができ、初めて直面する状況に対
応できる人工知能とは、「汎用人工知能」のことである。「特化型人
工知能」とは、特定の内容に特化した思考・検討にだけに優れてい
る人工知能のことである。

エ不適切。記述が逆である。AI に関わる分析技術として「機械学習」が挙げら
れ、機械学習の一つの技術として「ディープラーニング（深層学習）」
が挙げられる。

解答　イ

問題 65. 次の文章中の（　　）に入る語句としてより<u>適切</u>なものを、以下のア・イのうち１つ選びなさい。

> 機械学習の分類のうち、将棋、囲碁などのゲームやロボットの歩行学習の学習方法としてよく使われているのは、（　　）である。

ア．強化学習

イ．教師あり学習

解説　機械学習

　「強化学習」では、コンピュータが一定の環境の中で試行錯誤を行うことが学習用データとなり、行動に報酬を与えるというプロセスを繰り返すことで、何が長期的によい行動なのかを学習させる。強化学習は、将棋、囲碁などのゲーム 、ロボットの歩行学習などに活用されている。

> 機械学習の分類のうち、将棋、囲碁などのゲームやロボットの歩行学習の学習方法としてよく使われているのは、<u>強化学習</u>である。

解答　ア

問題 66.　機械学習に関する記述として、より<u>適切</u>なものを以下のア・イのうち
　　　　　 1 つ選びなさい。

　ア．機械学習の「教師なし学習」は、正解のラベルを付けない学習用データを
　　　 用いて、例えば、それが「ネコ」であるという情報は与えずにネコの画像
　　　 データを学習させ、「ネコ」の特徴が学習された時点で「ネコ」という情報
　　　 を与えるものである。

　イ．機械学習の「強化学習」とは、コンピュータが一定の環境の中で試行錯誤
　　　 を行うことが学習データとなり、その行動に「報酬」などのフィードバッ
　　　 クを与えるというプロセスを繰り返すことで、何がよい行動なのかを学習
　　　 させるものである。

解説　機械学習

　ア不適切。「教師なし学習」は、コンピュータには「入力」データのみを与え、
　　　　　 データの中に内在するパターンなどをコンピュータが独自で抽出
　　　　　 するものであり、その結果に対して正解のラベル付けはしない。そ
　　　　　 のため、記述の場合、それが「ネコ」であるという情報は与えずに
　　　　　 ネコの画像データを学習させ、「ネコ」の特徴が学習された後にも
　　　　　 「ネコ」という情報は与えない。

　イ適　切。記述の通り。例えば、AIにゲームをさせ、ゲームの結果を「報酬」
　　　　　 などでフィードバックし、AIが試行錯誤し、価値が高くなる方策を
　　　　　 学習していく。

解答　イ

問題 67. ディープラーニングに関する記述として、より<u>適切な</u>ものを以下のア・
イのうち1つ選びなさい。

　ア．ディープラーニングは、機械学習における技術の一つである。

　イ．ディープラーニングでは、学習対象となる変数（特徴量）を人が定義して
　　　入力しなければならない。

解説　ディープラーニング

　ア適　切。ディープラーニングは、機械学習における技術の一つであり、第三
　　　　　次 AI ブームの中核をなす技術である。

　イ不適切。従来の機械学習では、学習対象となる変数（特徴量）を人が定義す
　　　　　る必要があったのに対し、ディープラーニングは、予測したいもの
　　　　　に適した特徴量そのものを大量のデータから自動的に学習するこ
　　　　　とができる。

解答　ア

問題 68. ディープラーニングに関する記述として、より<u>適切な</u>ものを以下のア・
イのうち1つ選びなさい。

　ア．ディープラーニングでは、学習対象となる変数（特徴量）を人が定義する
　　　必要はない。

　イ．「ディープラーニング」と「深層学習」は、同義ではない。

解説　ディープラーニング

　ア適　切。従来の機械学習では、学習対象となる変数（特徴量）を人が定義す
　　　　　る必要があったのに対し、ディープラーニングは、予測したいもの
　　　　　に適した特徴量そのものを大量のデータから自動的に学習するこ
　　　　　とができる点に違いがある。

　イ不適切。「ディープラーニング」と「深層学習」は、同義である。

解答　ア

問題 69.　機械学習に関する以下のアからエまでの記述のうち、「教師あり学習」の説明として最も<u>適切ではないもの</u>を 1 つ選びなさい。

ア．正解のラベルを付けた学習用データが用いられる。

イ．「分類」による文字や画像の認識に用いられる。

ウ．「回帰分析」による売上や異常の検知に用いられる。

エ．「クラスター分析」によるデータのグループ分けに用いられる。

解説　機械学習

　　ア、イ、ウは「教師あり学習」に該当するが、エは「教師なし学習」である。「教師なし学習」の具体的な手法として、クラスター分析、主成分分析、自己組織化マップ（SOM）などが挙げられる。クラスター分析は、大量に集められたデータから、特徴が近い（似ている／距離が近い）データを集めて集団に分ける分析手法であり、特徴が近いデータが集まった集団を「クラスター」と呼び、データからいくつかの集団を作ることを「クラスタリング」と呼ぶ。

解答　エ

問題 70. 機械学習に関する以下のアからエまでの記述のうち、最も<u>適切ではない</u>ものを1つ選びなさい。

ア. 機械学習のプロセスにおける「学習」とは、入力されたデータを分析することにより、コンピュータが識別等を行うためのパターンを確立するプロセスである。

イ. 機械学習のプロセスにおける「推論」とは、学習のプロセスを経てできあがった学習済みモデルにデータを入力し、確立されたパターンに従い、実際にそのデータの識別等を行うプロセスである。

ウ. 教師あり学習は、結果や正解にあたる「教師データ」が与えられるタイプの機械学習である。

エ. 教師あり学習は、「データのグループ分け」や「情報の要約」などの用途に用いられる。

解説　機械学習

ア適　切。機械学習には大別して「学習」と「推論」の2つのプロセスがある。学習とは、入力されたデータを分析することにより、コンピュータが識別等を行うためのパターンを確立するプロセスである。この確立されたパターンを、「学習済みモデル」という。

イ適　切。推論とは、学習のプロセスを経てでき上がった学習済みモデルにデータを入力し、確立されたパターンに従い、実際にそのデータの識別等を行うプロセスである。

ウ適　切。記述の通り。教師あり学習では、教師データを既知の情報として学習に利用し、未知の情報に対応することができる回帰モデルや分類モデルを構築する。

エ不適切。教師あり学習は、「分類」による文字や画像の認識、「回帰」による売上げの予測や異常の検知といった用途に用いられる。データのグループ分けや情報の要約などの用途に用いられるのは、「教師なし学習」である。

解答　エ

問題 71. ニューラルネットワークに関する以下のアからエまでの記述のうち、最も適切ではないものを 1 つ選びなさい。

ア．ニューラルネットワークとは、人間の脳が学習していくメカニズムをモデル化して、人工的にコンピュータ上で再現することで問題を解決しようとする仕組みである。

イ．ニューラルネットワークは、人間の神経細胞「ニューロン」に相当する各ノードが層をなして接続されるものである。

ウ．ニューラルネットワークのうち、出力層が複数の層になっているものを用いるのがディープラーニングである。

エ．ニューラルネットワークとは、情報抽出を一層ずつ多階層にわたって行うことで、高い抽象化を実現する。

解説　ニューラルネットワーク

ア適　切。ニューラルネットワークの名称と構造は人間の脳から着想を得ており、生体ニューロンが信号を相互に伝達する方法を模倣している。

イ適　切。記述の通り。人間の神経細胞（ニューロン）のように、各ノードが層をなして接続されるものがニューラルネットワークである。

ウ不適切。「出力層が複数の層になっている」が誤り。ニューラルネットワークのうち、中間層（隠れ層）が複数の層になっているものを用いるのがディープラーニングである。中間層は多層で構成されており、何度も学習することで出力する情報の精度が高くなる。

エ適　切。記述の通り。

解答　ウ

問題 72. ニューラルネットワークに関する以下のアからエまでの記述のうち、最も適切ではないものを1つ選びなさい。

ア. ニューラルネットワークは、入力層、中間層（隠れ層）、出力層で構成されている。

イ. ニューラルネットワークは、入力層で外部からデータを読み込み、中間層でデータの特徴を学習し、最後に出力層から、分析結果を出力するという仕組みである。

ウ. ニューラルネットワークのうち、中間層が複数の層になっているものを用いるのがディープラーニングである。

エ. ニューラルネットワークとは、機械学習のアルゴリズムの一つであり、「教師あり学習」と「強化学習」に用いられるが、「教師なし学習」には用いられない。

解説　ニューラルネットワーク

ア適　切。記述の通り。ニューラルネットワークの名称と構造は人間の脳から着想を得ており、生体ニューロンが信号を相互に伝達する方法を模倣している。

イ適　切。記述の通り。

ウ適　切。記述の通り。中間層は多層で構成されており、何度も学習することで出力する情報の精度が高くなる。

エ不適切。「教師なし学習」には用いられない、が誤り。2012年6月に、Googleの研究者グループが YouTube の動画から取り出した 1,000 万枚のネコの画像を用い、「ネコとはどのようなものか」を教えなかったにもかかわらず、ネコの画像に共通する特徴を抽出し、ネコの画像を判別できるようになったという論文（「キャットペーパー」）が、この「教師なし学習」には、ニューラルネットワークの技術が用いられている。

解答　エ

問題 73. 画像認識と自然言語処理に関する記述として、より<u>適切な</u>ものを以下の
ア・イのうち１つ選びなさい。

ア．画像認識の技術は、自動運転車の走行環境の認識や医療分野における画像
診断、製造・物流業における製品の異常検知等に利用されている。

イ．機械翻訳や文書自動作成に用いられる自然言語処理の技術は、「Amazon
Alexa」や「Google アシスタント」などのスマートスピーカーには利用さ
れていない。

解説　画像認識、自然言語処理

ア適　切。記述の通り。画像認識は、防災・防犯の分野にも利用されており、
多くの分野で実用化されている。

イ不適切。自然言語処理は、認識した画像、音声の内容を理解し、言語化する
技術である。自然言語処理は、機械翻訳（Google 翻訳・DEEPL な
ど）や対話システム（Alexa・Google Home・Siri など）、かな漢字
文字変換予測（Microsoft IME・Google 日本語入力）といった分野
に応用されており、「Amazon Alexa」や「Google アシスタント」
などのスマートスピーカーにも使われている。

解答　ア

問題 74. 音声認識、自然言語処理に関する記述として、より<u>適切な</u>ものを以下の
ア・イのうち１つ選びなさい。

ア. 音声認識は、認識した画像、音声の内容を理解し、言語化する技術のこと
であり、自然言語処理とは、人間が耳で聞いた音声を脳の働きにより認識
するように、それをコンピュータに行わせる技術のことである。

イ. スマートフォンに搭載されている音声認識サービスやスマートスピーカー
により、音声認識や自然言語処理技術の利用は拡大し、身近なものとなっ
ている。

解説　音声認識、自然言語処理

ア不適切。記述が逆である。人間が耳で聞いた音声を脳の働きにより認識する
　　　　ように、それをコンピュータに行わせる技術が「音声認識」であり、
　　　　認識した画像、音声の内容を理解し、言語化する技術を「自然言語
　　　　処理」という。

イ適　切。記述の通り。

解答　イ

問題 75. AR／MR／VR に関する以下のアからエまでの記述のうち、最も<u>適切な</u>ものを1つ選びなさい。

ア.「MR」とは、コンピュータが作り出した仮想的な映像などの情報を、現実のカメラ映像に重ねて表示したりすることで、現実そのものを拡張する技術のことである。

イ.「VR」とは、視界全体を覆うヘッドマウントディスプレイなどを使い、現実世界を遮断して仮想世界を体験できる技術であり、AR や MR に比べて、対象に夢中になる没入感が高いとされている。

ウ.「AR」とは、現実のような映像をコンピュータで作成し、そこに投影された CG に対して操作などが可能な技術であり、複数名での同一の映像の確認ができるため、整形外科手術のトレーニングなどに使われている。

エ.「zR」とは、現実世界において実際には存在しないものを、表現・体験できる技術の総称である。

解説　AR／MR／VR

ア不適切。本肢は AR についての記述である。MR（Mixed Reality）は、AR の技術を発展させ、現実の世界を使って、そこに投影された CG に対して直接作業などが可能な技術のことである。実用化としては、壁内部の排水や配電を紹介したり、整形外科手術のトレーニングをしたりすることができる。

イ適　切。記述の通り。VR（Virtual Reality）は、ユーザの動作に連動した映像や音などをコンピュータで作成し、別の空間に入り込んだように感じさせる技術である。没入感については、VR が AR や MR に比べて、対象に夢中になる没入感が高いとされている。

ウ不適切。本肢は MR についての記述である。AR（Augmented Reality）は、コンピュータが作り出した仮想的な映像などの情報を、現実のカメラ映像に重ねて表示したりすることで、現実そのものを拡張する技術のことである。

エ不適切。「zR」ではなく、「xR」である。現実世界において実際には存在しないものを、表現・体験できる技術を総称して「xR」という。

解答　イ

問題 76. 顔認証に関する以下のアからエまでの記述のうち、最も<u>適切</u>なものを
1つ選びなさい。

ア. 顔認証は、非接触・ハンズフリーによる認証方式であるため衛生的であり、
マスクをしたままで認証が可能な製品もある。

イ. 顔認証では、顔の形や目鼻などの位置関係を示す特徴的な点や輪郭線等を
画像認識技術により識別して認証するため、生涯ほぼ不変で、登録し直し
の必要が極めて少ない。

ウ. 顔認証には、高解像度カメラが必要となる。

エ. 顔認証は、バイオメトリクス認証ではない。

[解説　顔認証]

ア適　切。記述の通り。登録時の利用者への負荷も少ない。

イ不適切。経年変化により正しく認証されないこともあり、その場合は再登録
が必要になる。

ウ不適切。顔認証は、離れた場所からでも認証が可能であり、低解像度カメラ
でも対応可能である。イベント会場の入場管理などでも採用されて
いる。

エ不適切。バイオメトリクス認証とは、身体的または行動的特徴を用いて個人
を識別し認証する技術のことであり、顔認証は、バイオメトリクス
認証の一つである。

[解答　ア]

問題 77.　ロボットに関する記述として、より<u>適切</u>なものを以下のア・イのうち 1
　　　　つ選びなさい。

　　ア.「ロボット」の統一された定義はないが、経済産業省関連のロボット政策研
　　　　究会は、2006 年の報告書において「ロボット」を「センサー、知能・制御
　　　　系、駆動系の 3 つの要素技術を有する、知能化した機械システム」として
　　　　いる。

　　イ.「ロボット」のマニピュレーション機能とは、音や温度などを感知し、それ
　　　　に応じて動作する機能のことである。

| 解説　ロボット |

　　ア適　切。記述の通り。「ロボット」に統一された定義がないため、組織、業種
　　　　　　　により複数の定義が存在し、多様となっており、ヒューマノイド（人
　　　　　　　の形をしたもの）に限定した見方から、産業用の機械、コンピュー
　　　　　　　タ上のソフトまで広げた見方まで様々である。

　　イ不適切。マニピュレーション機能とは、人間の手のように対象物（部品、工
　　　　　　　具など）をつかむ機能である。

| 解答　ア |

問題 78. クラウド AI とエッジ AI に関する記述として、より<u>適切</u>なものを以下
のア・イのうち１つ選びなさい。

ア．クラウド AI は、複雑で高度なデータによる学習・推論などの処理がクラ
ウド上で行われるため、エッジ AI よりも機密情報等を扱う際のセキュリ
ティに優れている。

イ．自動車の自動運転やドローン、監視カメラなどの機能には、クラウド AI
よりも、主にエッジ AI が使用される。

解説　クラウド AI、エッジ AI

ア不適切。クラウド AI はインターネットを介するため、機密情報を扱うこと
が難しかったり、反応に遅延が発生したりというデメリットも存在
する。クラウド AI には、音声認識、画像認識、言語翻訳等のディー
プラーニング等を用いた機能の API が搭載されており、利用者は、
必要な API を通じて必要な機能を扱うことができる。複雑で高度な
データによる学習・推論などの処理がクラウド上で行われるため、
サーバにかかる処理の負荷を抑えることができる。

イ適　切。エッジ AI の特長として、通信を介さないため、タイムラグのない
（リアルタイムの）判断が可能になることが挙げられ、自動運転や
ドローン、監視カメラなどの機能に活かされている 。また、通信コ
ストの低廉化、セキュリティ面の優位性も特長である。

解答　イ

問題 79.「官民 ITS 構想・ロードマップ」における、自動運転車の運転自動化レベルに関する以下のアからエまでの記述のうち、最も<u>適切な</u>ものを１つ選びなさい。

ア．システムが縦方向または横方向のいずれかの車両運動制御のサブタスクを限定領域において実行するのは、「レベル２」である。

イ．システムがすべての動的運転タスクを限定領域において実行し、作動継続が困難な場合は、運転者がシステムの介入要求等に適切に対応するのは、「レベル３」である。

ウ．システムがすべての動的運転タスクおよび作動継続が困難な場合への応答を無制限に実行するのは、「レベル４」である。

エ．運転者がすべての動的運転タスクを実行するのは、「レベル１」である。

解説　自動運転車

ア不適切。システムが縦方向または横方向のいずれかの車両運動制御のサブタスクを限定領域において実行するのは、「レベル１」である。

イ適　切。記述の通り。

ウ不適切。システムがすべての動的運転タスクおよび作動継続が困難な場合への応答を無制限に実行するのは、「レベル５」で「完全自動運転車」である。

エ不適切。運転者がすべての動的運転タスクを実行するのは、「レベル０」で、自動運転ではない。

解答　イ

問題 80. 無人航空機（ドローン）に関する以下のアからエまでの記述のうち、最も適切ではないものを1つ選びなさい。

ア．高速道路や新幹線の上空及びその周辺でドローンを飛行させてはならない。

イ．マルチコプターやラジコン機等であっても、重量100グラム未満のものは、無人航空機ではなく「模型航空機」に分類される。

ウ．2022年12月、改正航空法が施行され、有人地帯でのドローンの目視外飛行が可能となった。

エ．ドローン等無人航空機の飛行は、許可制となっており、登録は義務付けられていない。

解説　無人航空機（ドローン）

ア適　切。記述の通り。国土交通省の「無人航空機（ドローン、ラジコン機等）の安全な飛行のためのガイドライン」に「高速道路や新幹線等に、万が一無人航空機が落下したりすると、交通に重大な影響が及び、非常に危険な事態に陥ることも想定されます。それらの上空及びその周辺では無人航空機を飛行させないでください。」と記載されている。

イ適　切。マルチコプターやラジコン機等であっても、重量（機体本体の重量とバッテリーの重量の合計）100グラム未満のものは、無人航空機ではなく「模型航空機」に分類される。

ウ適　切。2022年12月6日、無人航空機の新制度が開始され、機体認証、無人航空機操縦者技能証明、運航に係るルールが整備され、現行のレベル1〜3の飛行に加えて、有人地帯（第三者上空）での補助者なし目視外飛行を指す「レベル4飛行」が可能となった。

エ不適切。2020年の航空法の改正で無人航空機の登録制度が創設され、2022年6月20日以降、登録していない無人航空機（ドローン）の飛行は禁止され、無人航空機を識別するための登録記号を表示し、リモートID機能を備えることが義務づけられた。

解答　エ

問題 81.「人間中心の AI 社会原則」に関する記述として、より<u>適切な</u>ものを以下
　　　　のア・イのうち 1 つ選びなさい。

　　ア.「人間中心の AI 社会原則」の基本理念では、「人間の尊厳が尊重される社
　　　　会」「多様な背景を持つ人々が多様な幸せを追求できる社会」「持続性ある
　　　　社会」の 3 つの価値を理念として尊重し、その実現を追求する社会を構築
　　　　していくべき旨が述べられている。

　　イ.「人間中心の AI 社会原則」の「AI-Ready な社会」では、「何のために AI
　　　　を用いるのか」に答えられるような「人」「社会システム」「産業構造」「イ
　　　　ノベーションシステム」「リスクマネジメント」の在り方について、技術の
　　　　進展との相互作用に留意しながら考える必要があるとされている。

|解説　人間中心の AI 社会原則|

　　ア適　切。記載の通り。「人間中心 AI 社会原則」（平成 31 年 3 月 29 日統合イ
　　　　　　ノベーション戦略推進会議決定）は、「基本理念」「Society5.0 実現
　　　　　　に必要な社会変革「AI-Ready な社会」「人間中心の AI 社会原則」
　　　　　　から構成されている。

　　イ不適切。「リスクマネジメント」が誤り。正しくは、「ガバナンス」である。

|解答　ア|

問題 82.「XAI」の意味として、より<u>適切</u>なものを以下のア・イのうち１つ選びな
さい。

ア．説明不能なAI

イ．説明可能なAI

解説　XAI

　　XAIは、「Explainable artificial intelligence」を略したものであり、「説明可
能なAI」と訳される。

　　機械学習モデルは、高度に複雑な構造物であり、人がその動作の全容を把握
するのは困難であるため、その予測過程が実質的にブラックボックス化してお
り、用途範囲の拡大に伴い、機械学習モデルの予測結果を安心して（信頼して）
業務に使えないという問題が指摘されるようになっている。この問題に対処す
るため、機械学習モデルの予測根拠を説明するXAIの研究が行われている。

解答　イ

問題 83. シンギュラリティに関する以下のアからエまでの記述のうち、最も<u>適切</u><u>ではない</u>ものを１つ選びなさい。

ア．シンギュラリティとは、AI の世界では「科学的特異点」を指す。

イ．シンギュラリティは、アメリカの未来学者レイ・カーツワイル氏が提唱した概念である。

ウ．シンギュラリティとは、「テクノロジーが急速に変化し、それにより甚大な影響がもたらされ、人間の生活が後戻りできないほどに変容してしまうような、来るべき未来のこと」とされている。

エ．2029 年にはコンピュータの知能が人間並みになり、2045 年には全人類の知能より約 10 億倍強力な知能が１年間に生み出され、シンギュラリティが到来するとされている。

解説　シンギュラリティ

ア不適切。「科学的特異点」が誤り。シンギュラリティとは、AI の世界では「技術的特異点」を指す。

イ適　切。シンギュラリティとは、2005 年に、アメリカの未来学者レイ・カーツワイル氏が、人類が経験してきたテクノロジーの指数関数的な進化を根拠に提唱した概念である。2029 年にはコンピュータの知能が人間並みになり、2045 年には全人類の知能より約 10 億倍強力な知能が１年間に生み出され、シンギュラリティが到来するとされている。

ウ適　切。シンギュラリティとは、「テクノロジーが急速に変化し、それにより甚大な影響がもたらされ、人間の生活が後戻りできないほどに変容してしまうような、来るべき未来のこと」とされている。

エ適　切。2029 年にはコンピュータの知能が人間並みになり、2045 年には全人類の知能より約 10 億倍強力な知能が１年間に生み出され、シンギュラリティが到来するとされている。

解答　ア

問題 84.「人間中心の AI 社会原則」に関する以下のアからエまでの記述のうち、
　　　　最も適切なものを１つ選びなさい。

ア.「人間中心の AI 社会原則」において、理念として尊重すべき価値として挙
　　げられているものの一つに、「高度なデジタル化が達成された社会」がある。

イ.「人間中心の AI 社会原則」に記されている、社会全体が AI による便益を
　　最大限に享受するために必要な変革が行われ、AI の恩恵を享受している、
　　または、必要な時に直ちに AI を導入しその恩恵を得られる状態にある「AI
　　活用に対応した社会」を意味する言葉は、「AI - Smart な社会」である。

ウ.「人間中心の AI 社会原則」には、AI を用いて複雑な処理を機械にある程度
　　任せることが可能になっても、「何のために AI を用いるのか」という目的
　　設定は、人間が行う必要がある、と記されている。

エ.「人間中心の AI 社会原則」において、現在、多くの国、団体、企業等にお
　　いて議論されていることから、早急にオープンな議論を通じて国際的なコ
　　ンセンサスを醸成し、非規制的で非拘束的な枠組みとして国際的に共有さ
　　れることが重要、とされているのは「AI 運用原則」である。

|解説　人間中心の AI 社会原則|

ア不適切。「人間中心の AI 社会原則」の基本理念では、（１）人間の尊厳が尊重
　　　　　される社会、（２）多様な背景を持つ人々が多様な幸せを追求できる
　　　　　社会、（３）持続性ある社会、の３つの価値を理念として尊重し、そ
　　　　　の実現を追求する社会を構築していくべき旨が述べられている。

イ不適切。「AI - Smart な社会」が不適切で、正しくは「AI - Ready な社会」
　　　　　である。

ウ適　切。Society 5.0 の実現への貢献が期待される技術の一つとして、AI が
　　　　　挙げられ、本肢の記述がある。

エ不適切。「AI 運用原則」が不適切で、正しくは「AI 開発利用原則」である。
　　　　　「AI 開発利用原則については、現在、多くの国、団体、企業等にお
　　　　　いて議論されていることから、我々は早急にオープンな議論を通じ
　　　　　て国際的なコンセンサスを醸成し、非規制的で非拘束的な枠組みと
　　　　　して国際的に共有されることが重要であると考える。」とある。

|解答　ウ|

第2章　ビッグデータ

問題 85.　次の文章の（　　）に入る語句として、より<u>適切</u>なものを以下のア・
　　　　　イのうち１つ選びなさい。

> 情報科学、（　　）等の知見を駆使したデータ分析により新たな価値の
> 発見・創出を行う学問を「データサイエンス」といい、データサイエ
> ンスの知見を有する人材を「データサイエンティスト」という。

出典：総務省「データ駆動型社会の実現に向けた高度 ICT 人材に関する調査研究報告書（概要版）」

　ア．電子工学
　イ．統計学

解説　データサイエンス

　情報科学、統計学等の知見を駆使したデータ分析により新たな価値の発見・
創出を行う学問を「データサイエンス」といい、データサイエンスの知見を有
する人材を「データサイエンティスト」という。多くの企業においてデータサ
イエンティストに対する需要が高まっており、その実践的な知見を企業活動等
に反映させ、即戦力として活躍することが求められている。

> 情報科学、**統計学**等の知見を駆使したデータ分析により新たな価値
> の発見・創出を行う学問を「データサイエンス」といい、データサイ
> エンスの知見を有する人材を「データサイエンティスト」という。

出典：総務省「データ駆動型社会の実現に向けた高度 ICT 人材に関する調査研究報告書（概要版）」

解答　イ

問題 86.「平成 29 年版情報通信白書」におけるビッグデータの分類に関する記述
として、より<u>適切な</u>ものを以下のア・イのうち１つ選びなさい。

ア．国や地方公共団体が提供する「オープンデータ」は、『官民データ活用推進
基本法』を踏まえ、政府や地方公共団体などが保有する公共情報について、
データとしてオープン化を強力に推進することとされているものである。

イ．「M2M データ」の例として、特定の個人を識別できないように加工された人
流情報が挙げられる。

解説　ビッグデータ

ア適　切。記述の通り。

イ不適切。特定の個人を識別できないように加工された人流情報は、個人の属性
に係る「パーソナルデータ」に含まれる。M2M データの例として、
工場等の生産現場における IoT 機器から収集されるデータ、橋梁に設
置された IoT 機器からのセンシングデータ（歪み、振動、通行車両の
形式・重量など）等が挙げられる。

解答　ア

問題 87. 量子コンピュータのアニーリング方式に関する記述として、より<u>適切な</u>ものを、以下のア・イのうち１つ選びなさい。

ア．アニーリング方式は、量子状態にある素子の動きや組み合わせによって計算回路を作り、問題を解く方式であり、従来から研究されている量子の重ね合わせの原理を用いている。

イ．アニーリング方式は、「組み合わせ最適化問題」を解くことに特化した方式であり、重ね合わせの原理などの量子効果を徐々に変化させることでエネルギーの最も低い状態を最適解として得るものである。

解説　量子コンピュータ

ア不適切。本肢は「量子ゲート方式」に関する記述である。量子ゲート方式は、量子状態にある素子の振る舞いや組み合わせで計算回路を作り、問題を解いていくものである。現在、GoogleやIBMなどにおいて主流で開発されているものがゲート方式であり、従来のコンピュータの上位互換として開発が進められている。

イ適　切。記述の通り。「アニーリング方式」は、高温にした金属をゆっくり冷やすと構造が安定する「焼きなまし」の手法を応用して問題の解を求めていくものであり、エネルギーの最も低い状態を最適解として得るものである。

解答　イ

問題 88. 量子コンピュータに関する記述として、より<u>適切な</u>ものを以下のア・イ
のうち１つ選びなさい。

ア. 量子コンピュータは、原子以下の微視的な粒子が同時に複数の状態で存在
できるという特性を利用している。

イ. 量子コンピュータは、原子以下の微視的な粒子が同時に複数の状態で存在
できないという特性を利用している。

解説　量子コンピュータ

ア適　切。量子コンピュータは、「量子の物理的な動きや振舞い（原子以下の微
視的な粒子が同時に複数の状態で存在できるという特性）を利用し
たコンピューティングシステム」を指す。古典コンピュータでは、
４ビットの情報を示す場合、16 通りの組合せのうちの一つしか表せ
ない（一つひとつを逐次計算しなければならない）が、量子コン
ピュータでの４量子ビット（一度に２つの状態を同時に取れるとい
う「重ね合わせ」と呼ばれる量子の特徴を用いた一時点で０と１を
同時に示すことができる単位）は、０と１の 16 通りの組合せを同
時に示すことが可能となり、古典コンピュータで 16 回繰り返さな
ければならなかった演算を１回で実現することができる。

イ不適切。前述の通り。

解答　ア

問題 89. ビッグデータを特徴づける「4V」に関する以下のアからエまでの記述の
うち、最も<u>適切ではない</u>ものを1つ選びなさい。

　ア．ビッグデータの特性「volume」の例として、多数の人の多数の購入履歴を
　　　分析することで、人々の購買行動の傾向から購買行動を予測する、広告等
　　　で購買行動を引き出すといったことが挙げられる。

　イ．ビッグデータの特性「variety」は、購入履歴を例にとると、購入者の年齢
　　　のみならず、住所や家族構成、交友関係、趣味、関心事項など様々なデー
　　　タにより、緻密な分析が可能となるといったことである。

　ウ．ビッグデータの特性である「velocity」は、データの有用性のことであり、
　　　大量のデータを収集し、AI などを活用して分析することで、利用者にとっ
　　　て有用なデータの抽出が可能になるということである。

　エ．ビッグデータの特性である「veracity」は、標本を母集団に近づけること
　　　により、母集団すなわち調査対象全体の性質をより正確に推計できるよう
　　　になるということである。

　解説　ビッグデータ

　ア適　切。記述の通り。「volume」は、量である。

　イ適　切。記述の通り。「variety」は、多様性である。

　ウ不適切。「velocity」は速度を指し、大量のデータを使用し同時的な予測等
　　　　　　が可能であるということである。

　エ適　切。記述の通り。「veracity」は、正確性である。

解答　ウ

問題90. 「平成29年情報通信白書」では、個人・企業・政府の3つの主体が生成しうるデータとして、ビックデータを4つに分類している。ビッグデータの分類に関する以下のアからエまでの記述のうち、最も適切ではないものを1つ選びなさい。

ア. 「オープンデータ」とは、『官民データ活用推進基本法』を踏まえて、国や地方公共団体が提供する公共情報のことである。

イ. 「暗黙知データ」とは、企業が持つデータとして、明文化・言語化・図式化された共有可能なものである。

ウ. 「M2Mデータ」とは、企業が提供しうる産業データであり、IoT機器からのセンシングデータなど、機械から機械に吐き出されるデータのことである。

エ. 「パーソナルデータ」とは、個人の属性情報、移動・行動・購買履歴などのことである。

解説　ビッグデータ

ア適　切。「オープンデータ」は、ビッグデータとして先行している分野であり、『官民データ活用推進基本法』を踏まえ、政府や地方公共団体などが保有する公共情報について、データとしてオープン化を強力に推進することとされているものである。

イ不適切。正しくは、「暗黙知（ノウハウ）をデジタル化・構造化したデータ」である。「暗黙知」とは、長年の経験や勘といった、言語化するのが難しい主観的な知識を指す。「暗黙知をデジタル化・構造化したデータ」を「知のデジタル化」と呼び、「知のデジタル化」とは、農業やインフラ管理からビジネス等に至る産業や企業が持ちうるパーソナルデータ以外のデータとして捉えられる。今後、多様な分野・産業、あるいは身の回りに存在する人間のあらゆる知に迫る、様々なノウハウや蓄積がデジタル化されることが想定される。

ウ適　切。M2M（Machine to Machine）データは、例えば工場等の生産現場における IoT 機器から収集されるデータ、橋梁に設置された IoT 機器からのセンシングデータ（歪み、振動、通行車両の形式・重量など）等が挙げられる。「M2M データ」と「知のデジタル化」の2つについては、情報の生成及び利用の観点から、主として産業データとして位置付けられる、とされている。

エ適　切。「パーソナルデータ」には、個人の属性情報、移動・行動・購買履歴、ウェアラブル機器から収集された個人情報、特定の個人を識別できないように加工された人流情報、商品情報等も含まれる。

解答　イ

問題 91. 量子コンピュータに関する以下のアからエまでの記述のうち、最も適切
　　　　ではないものを１つ選びなさい。

　ア．量子コンピュータには、従来の電磁気学の原理を利用したコンピュータを
　　　はるかにしのぐ計算能力が期待されている。

　イ．量子コンピュータの量子ゲート方式は、従来から研究されている方式であ
　　　り、その実用化にはまだ時間がかかるとされている。

　ウ．量子コンピュータの量子アニーリング方式は、量子効果を徐々に変化させ
　　　ることでエネルギーの最も低い状態を最適解として得るもので、一部の問
　　　題に特化した量子アニーリング方式が、すでに実用化されている。

　エ．量子ビットとは、一度に２つの状態を同時に取れるという「量子もつれ」
　　　と呼ばれる量子の特徴を用いた、一時点で０と１を同時に示すことができ
　　　る単位である。

解説　量子コンピュータ

　ア適　切。IoTの普及によるデータ流通量の増大に伴い、コンピュータによる
　　　　　　計算需要の増大が予想され、従来の電磁気学の原理を利用したコン
　　　　　　ピュータ（古典コンピュータ）を上回る計算能力が期待されている。

　イ適　切。現在、開発が進められている量子コンピュータには、主に、量子ゲー
　　　　　　ト方式と量子アニーリング方式の２種類がある。量子ゲート方式は、
　　　　　　従来から研究されている量子の重ね合わせの原理を用いた方式で
　　　　　　あり、その実用化にはまだ時間がかかるとされている。

　ウ適　切。量子アニーリング方式は、重ね合わせの原理などの量子効果を徐々
　　　　　　に変化させることでエネルギーの最も低い状態を最適解として得
　　　　　　るものである。さまざまな制約のある中で最適な組み合わせを求め
　　　　　　る計算である「組合せ最適化問題」に特化した量子アニーリング方
　　　　　　式が、すでに実用化されている。

　エ不適切。「量子もつれ」が誤りで、正しくは「重ね合わせ」である。量子ビッ
　　　　　　トとは、一度に２つの状態を同時に取れるという「重ね合わせ」と
　　　　　　呼ばれる量子の特徴を用いた、一時点で０と１を同時に示すことが
　　　　　　できる単位である。

解答　エ

問題 92. 量子コンピュータに関する以下のアからエまでの記述のうち、最も<u>適切</u>
<u>ではない</u>ものを１つ選びなさい。

ア. 量子コンピュータの計算単位は、「ビット」ではなく、「量子ビット」である。

イ. 量子コンピュータは、「重ね合わせ」や「量子もつれ」といった量子力学的
な現象を用いて従来のコンピュータでは解くことが容易でなかった複雑
な問題を解くことができる。

ウ. 現在開発が進められている量子コンピュータの一つに、量子ゲート方式が
あるが、これは量子の効果を徐々に変化させることでエネルギーの最も低
い状態を最適解として得るものである。

エ. IoT の普及によるデータ流通量の増大に伴い、コンピュータによる計算需
要の増大が予想されているが、2023 年 10 月現在、量子コンピュータは、
従来のコンピュータ（古典コンピュータ）より普及している状況にはなっ
ていない。

解説　量子コンピュータ

ア適　切。量子コンピュータでは、量子力学の基本性質である「０と１の両方
を重ね合わせた状態」をとる「量子ビット」を使う。量子ビットで
は量子の「０と１の両方を重ね合わせた状態」＝「０であり、かつ
１である」という状態を利用して計算する。

イ適　切。記述の通り。

ウ不適切。「量子アニーリング方式」の内容である。現在開発が進められている
量子コンピュータには、主に、量子ゲート方式と量子アニーリング
方式の２種類があるが、量子アニーリング方式は重ね合わせの原理
などの量子効果を徐々に変化させることでエネルギーの最も低い
状態を最適解として得るものである。「量子ゲート方式」は、従来か
ら研究されている量子の重ね合わせの原理を用いた方式である。

エ適　切。記述の通り。量子コンピューティングシステムやソフトウェアの開
発が行われており、日本では NEC が 2023 年までの実用化を発表
するなど開発は進行しているが、技術的な課題は多く、2023 年 10
月現在、普及しているとは言えない。

解答　ウ

第3章　IoT

問題 93. 5G に関する記述として、より<u>適切な</u>ものを以下のア・イのうち1つ選びなさい。

ア.「5G」の「G」は、「Grade」の略である。

イ. 5G の特長の一つに、「超低遅延」がある。

解説　5G

ア不適切。5G の「G」は Generation（世代）の略で、「第○世代移動通信システム」のことを「○G」という。移動通信のシステムは、音声主体のアナログ通信である 1G から始まり、パケット通信に対応した 2G、世界共通の方式となった 3G を経て、LTE-Advanced 等の 4G へと進化してきた。これに続く次世代のネットワークが 5G、すなわち第 5 世代移動通信システムである。

イ適　切。5G は、4G を発展させた「超高速」、遠隔地でもロボットなどの操作をスムーズに行うことができる「超低遅延」、多数の機器が同時にネットワークにつながる「多数同時接続」などの特長を持つ。

解答　イ

問題 94. LPWA に関する記述として、より<u>適切な</u>ものを以下のア・イのうち1つ選びなさい。

ア．LPWA の通信速度は、携帯電話システムと比べて高速であり、省電力性にも長けている。

イ．LPWA の代表的な規格として、Wi-SUN、NB-IoT、LoRaWAN、Sigfox が挙げられる。

解説　LPWA（Low Power Wide Area）

ア不適切。「超高速」が誤り。LPWA（Low Power Wide Area）の通信速度は、数 kbps から数百 kbps 程度と携帯電話システムと比較して低速なものの、一般的な電池で数年から数十年にわたって運用可能な省電力性や、数 km から数十 km もの通信が可能な広域性を有している。

イ適　切。記述の通り。LPWA は、電力消費が小さく 100m 以上の通信ができる IoT 向けの通信技術の総称である。LPWA の代表的な企画として、LoRaWAN や Sigfox などが挙げられる。

解答　イ

問題 95. スマートスピーカーに関する記述として、より<u>適切な</u>ものを以下のア・
イのうち 1 つ選びなさい。

ア．Amazon のスマートスピーカー「Amazon Echo」の AI アシスタントは、
「Clova」である。

イ．Apple のスマートスピーカー「HomePod mini」の AI アシスタントは、
「Siri」である。

| 解説　スマートスピーカー |

ア不適切。「Amazon Echo」の AI アシスタントは、「Alexa」である。「Clova」
は、LINE の AI アシスタントである（現在はサービス終了）。

イ適　切。「HomePod mini」の AI アシスタントは、「Siri」である。

| 解答　イ |

問題 96. ウェアラブル端末に関する記述として、より<u>適切な</u>ものを以下のア・イ
　　　　のうち１つ選びなさい。

　ア．JINS MEMEは、利用者の眼球の動きや体の動きを感知することがで
　　　きるメガネ型のウェアラブル端末である。

　イ．パワードスーツとは、着用することにより身体に負荷をかけ筋力自体を
　　　増強させ、増強の記録を管理することもできるウェアラブル端末である。

解説　ウェアラブル端末

　ア適　切。メガネ型のウェアラブルデバイスの「JINS MEME（ジンズ・ミー
　　　　　　ム）」は、利用者の眼球の動きや体の動きのセンシングができ、セン
　　　　　　シングで得られた情報から、集中力や眠気を測定することができる。

　イ不適切。パワードスーツは、筋力自体を増強させるものではなく、筋力の補
　　　　　　完をするものである。パワードスーツは、主に、人工筋肉や骨格な
　　　　　　どの機能を持ち、装着者の能力を超えた、または楽に重量物の持ち
　　　　　　上げなどの作業を可能にするものである。

解答　ア

問題 97. IoT に関する以下のアからエまでの記述のうち、最も適切ではないもの
　　　　を１つ選びなさい。

ア．IoT とは、「Internet of Things」の頭文字をとったものであり、インター
　　ネットに多様かつ多数の物が接続され、それらとの通信により、制御や
　　様々な活用を行うことである。

イ．「令和４年版情報通信白書」には、世界の IoT デバイス数の動向がカテゴ
　　リ別に示されており、2021 年時点で稼動数が最も多いカテゴリは、スマー
　　トフォンや通信機器などの「通信」であり、2023 年以降も他のカテゴリと
　　比べて高成長が予想されている。

ウ．社会基盤としての IoT 化が進展する一方で、IoT 機器については、管理が
　　行き届きにくい、機器の性能が限られ適切なセキュリティ対策を適用でき
　　ないなどの理由から、サイバー攻撃の脅威にさらされることが多く、その
　　対策強化の必要性が指摘されている。

エ．近年、IoT 機器を悪用したサイバー攻撃が急増しており、「令和４年版情報
　　通信白書」には、サイバー攻撃観測網が 2021 年に観測したサイバー攻撃
　　パケットは約 5,180 億パケットであり、2018 年と比較して約 2.4 倍に増
　　加したという結果が示されている。

解説　IoT（Internet of Things）

ア適　切。IoT とは、「Internet of Things」の頭文字である。

イ不適切。スマートフォンや通信機器などの「通信」カテゴリは、市場が飽和
　　　　　状態であり、他のカテゴリと比較した場合、相対的に低成長が予想
　　　　　されている。今後、高成長が予測されているのは、「医療」、「産業用
　　　　　途」、「コンシューマー」である。

ウ適　切。記述の通り。

エ適　切。記述の通り。サイバー攻撃観測網（NICTER）は、情報通信研究機
　　　　　構（NIST）が運用しており、2018 年に観測したサイバー攻撃関連
　　　　　通信数は、約 2,169 億パケットであり、2021 年には約 5,180 億パ
　　　　　ケットが観測された。

解答　イ

問題 98. IoT に関する以下のアからエまでの記述のうち、最も<u>適切ではないもの</u>
を 1 つ選びなさい。

ア．IoT とは、インターネットに多様かつ多数の物が接続され、それらとの通
信により、制御やさまざまな活用を行うことである。

イ．特定通信・放送開発事業実施円滑化法では、IoT の実現を「インターネッ
トに多様かつ多数の物が接続され、及びそれらの物から送信され、又はそ
れらの物に送信される大量の情報の円滑な流通が国民生活及び経済活動
の基盤となる社会の実現をいう」としている。

ウ．IoT プラットフォームとは、IoT を導入しようとした場合に必要となる機
能をまとめて提供するソフトウェアのこと、または、企業が IoT を活用す
るために必要な様々な機能やサービスを提供する基盤のことを指す。

エ．通信速度は携帯電話システムと比較して低速なものの、一般的な電池で数
年から数十年にわたって運用可能な省電力性や、数 km から数十 km もの
通信が可能な広域性を有する IoT 向けの通信技術を、RFID という。

解説 IoT（Internet of Things）

ア適　切。IoT とは、「Internet of Things」の略称であり、インターネットに
多様かつ多数の物が接続され、それらとの通信により、制御やさま
ざまな活用を行うことである。

イ適　切。記述の通り。

ウ適　切。記述の通り。

エ不適切。通信速度は数 kbps から数百 kbps 程度と携帯電話システムと比較
して低速なものの、一般的な電池で数年から数十年にわたって運用
可能な省電力性や、数 km から数十 km もの通信が可能な広域性を
有する IoT 向けの通信技術を、LPWA という。

解答　エ

問題 99. スマート家電に関する以下のアからエまでの記述のうち、最も<u>適切では</u><u>ない</u>ものを１つ選びなさい。

ア．スマート家電とは、インターネットとつながったIoT機器である家電のことを指す。

イ．スマート家電は、エアコンのオンオフやロボット掃除機の留守中のコントロールなど、外出先からスマートフォンを通して家電を動作させる「情報受信型」のものに限られている。

ウ．スマート家電をスマートフォンから操作するためには、通常、スマートフォンに専用のアプリケーションをインストールする必要がある。

エ．音声認識に対応したスマートスピーカーを操作することで、スマート家電を利用することもできる。

解説	スマート家電

ア適　切。記述の通り。一般的に、インターネットとつながりスマホで操作可能である家電がスマート家電と呼ばれている。

イ不適切。スマート家電には、情報受信型のみではなく、「情報発信型」のものもあり、例えば、家電を操作するとその情報がスマートフォンに送信され、離れて暮らす老親の日常の無事を知ることができる「見守りサービス」機能付きの電気ポット、冷蔵庫（ドアの開閉）、電球などが挙げられる。

ウ適　切。記述の通り。通常、専用のアプリケーションをインストールすることで、スマート家電をスマートフォンから操作できるようになる。

エ適　切。記述の通り。音声でスマートスピーカーを操作し、スマートスピーカーがネットワークを通じてスマート家電を操作する。

解答　イ

問題 100. ウェアラブル端末に関する以下のアからエまでの記述のうち、最も<u>適切ではないもの</u>を 1 つ選びなさい。

ア．ウェアラブル端末の用途の一つに「心身に関する情報収集」がある。

イ．ウェアラブル端末の用途の一つに「位置や速度に関する情報収集」がある。

ウ．ウェアラブル端末の用途の一つに「大容量データの長期間の保存」がある。

エ．ウェアラブル端末の用途の一つに「入力・運動支援」がある。

解説　ウェアラブル端末

ア適　切。「心身に関する情報収集」の例として、リストバンド型ウェアラブル端末の、心拍センサー・加速度センサーによる睡眠の深さ、睡眠時間をはじめとした情報の収集がある。

イ適　切。「位置や速度に関する情報収集」の例として、GPS、地磁気、加速度、温度、気圧のセンサーを備えるスマートウォッチによる、登山における緯度経度・高度の情報の把握がある。

ウ不適切。センサー等で得られたデータをウェアラブル端末で保存することは可能であるが、「大容量データの長期保存」となると、クラウド等の端末外で行うことが一般的である。

エ適　切。「入力・運動支援」の例として、指にはめてプレゼンテーションを操作できる指輪型のコントローラーがある。

解答　ウ

第4章　クラウド

問題 101.　クラウドに関する記述として、より<u>適切な</u>ものを以下のア・イのうち
　　　　　1つ選びなさい。

　ア．2021年の経済産業省の資料では、日本のIT事業者は世界のクラウド事業
　　　者の中でのポジションは低いのが現状と示されている。

　イ．日本においては、特に産業・政府・インフラ領域で、クラウドからオンプ
　　　レシステムへの移行を促進する必要性があるといわれている。

解説　クラウド

　ア適　切。経済産業省の「デジタル産業に関する現状と課題」（2021年5月）
　　　　には、「世界のクラウドサービス市場は急速に成長。一方で、我が国
　　　　IT事業者は大規模システムの受託開発に強みを持つものの、世界の
　　　　クラウド事業者の中でのポジションは低いのが現状。」と記されて
　　　　いる。

　イ不適切。「デジタル産業に関する現状と課題」の「我が国としてのクラウド
　　　　事業者の確保に向けた基本的な考え方」では、「特に産業・政府・
　　　　インフラ領域でオンプレ（オンプレミス：自組織の敷地内でサー
　　　　バを運用する形態、データセンターの一部を間借りして、サーバ
　　　　の運営を行う形態）システムからクラウドへの移行を促進する必
　　　　要性。そのためには産業・政府・インフラのシステムを稼働させる
　　　　に足る“信頼できるクラウド”を提供する事業者の確保が重要。」
　　　　と記されている。

解答　ア

問題 102. クラウドに関する記述として、より<u>適切な</u>ものを以下のア・イのうち
1つ選びなさい。

ア. 世界のパブリッククラウドサービス市場においては、PaaS は今後も高い
成長が見込まれている。

イ. 日本の PaaS 市場、IaaS 市場では、GCP が、PaaS／IaaS 利用企業の半数
以上を占めている。

解説　クラウド

ア適　切。「令和5年版情報通信白書」には、PaaS は、サービスプロバイダが
利便性向上を進めており、またユーザの継続的な利用傾向が強いこ
とから、今後も高い成長が見込まれる、と記されている。

イ不適切。日本の PaaS 市場、IaaS 市場では、大手クラウドサービス（AWS
（Amazon）、Azure（Microsoft）、GCP（Google））の利用率の高さ
が際立っている。特に、AWS は、PaaS／IaaS 利用企業の半数以上
を占めている。

解答　ア

問題 103. クラウドに関する記述として、より<u>適切な</u>ものを以下のア・イのうち
1つ選びなさい。

ア．特定の企業や組織が独自に利用するクラウドである「プライベートクラウ
ド」には、そのサーバを自組織の敷地内に設置する「オンプレミス型」と、
敷地外に設置する「ホスティング型」がある。

イ．パブリッククラウド、プライベートクラウド、コミュニティクラウドを、
ネットワーク内で部分的に組み合わせた形態のことを「ミックスクラウド」
という。

解説　クラウド

　ア適　切。記述の通り。

　イ不適切。パブリッククラウド、プライベートクラウド、コミュニティクラウ
　　　　　ドを、ネットワーク内で部分的に組み合わせた形態のことは、「ハイ
　　　　　ブリッドクラウド」という。また、同じ実装モデルのパブリックク
　　　　　ラウド同士であっても、AWS と Gmail を組み合わせて利用するな
　　　　　ど、複数のクラウドサービスを組み合わせて利用する場合は、「マル
　　　　　チクラウド」という。

解答　ア

問題 104. PaaS のイメージとして、より<u>適切な図</u>を以下のア・イのうち１つ選びなさい。

ア

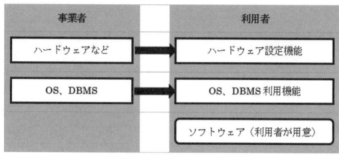

イ

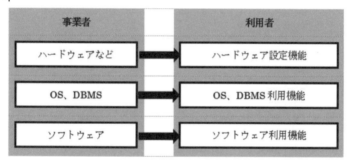

解説　クラウド

　PaaS（Platform as a Service）とは、ハードウェアやネットワーク機器、および OS と DBMS を事業者が用意し、それらを利用するための機能を利用者に提供するサービス。利用者は、当該機能を利用してハードウェアや OS などを操作し、自分で用意したソフトウェアを OS 上で稼働させることで、情報システムを運用することができる。ハードウェアや OS は事業者側で管理するので、利用者は OS のバージョンアップ作業などをしたり、ハードウェアを買い替えたりする必要がなく、情報システムの運用管理に要する工数や費用を少なくすることができる。イは、SaaS（Software as a Service）である。

解答　ア

問題 105. 以下のアからエまでのクラウドサービス名のうち、いわゆる「世界三大クラウド」に該当しないものを1つ選びなさい。

ア．AWS

イ．Azure

ウ．GCP

エ．iCloud

|解説　世界三大クラウド|

　「世界三大クラウド」とは、クラウドサービスの中で最もシェアの大きい3つのサービス「Amazon Web Services（AWS）」「Microsoft Azure（Azure）」「Google Cloud Platform（GCP）」のことを指す。

|解答　エ|

問題 106. クラウドのサービスモデルに関する次の文章中の（　　）に入る語句
　　　　　の組合せとして最も<u>適切なもの</u>を、以下のアからエまでのうち１つ選
　　　　　びなさい。

コンピュータの階層を下図の層で考えた場合、１段目のみクラウド事業者に
任せるのが（　a　）、２段目まで任せるのが（　b　）であり、３段目を含
めてすべて任せるのが（　c　）である。

　　　　　　　　　　　　　　　　　　　総務省「ICTスキル総合習得教材」より

ア．a．IaaS　　　　b．SaaS　　　　c．PaaS

イ．a．IaaS　　　　b．PaaS　　　　c．SaaS

ウ．a．PaaS　　　　b．SaaS　　　　c．IaaS

エ．a．SaaS　　　　b．PaaS　　　　c．IaaS

解説 クラウドのサービスモデル

　サービスモデルはクラウドサービスの構築・カスタマイズに関する役割分担によって、「IaaS」、「PaaS」、「SaaS」の３種に分類される。

コンピュータの階層を下図の層で考えた場合、１段目のみクラウド事業者に任せるのが IaaS、２段目まで任せるのが PaaS、３段目を含めてすべて任せるのが SaaS である。

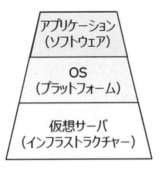

解答　イ

問題 107. クラウドサービスに関する以下のアからエまでの記述のうち、最も適切ではないものを 1 つ選びなさい。

ア．クラウドサービスとは、クラウドコンピューティングを利用して、自宅や勤務先、主張先などからデータの参照や更新をできるようにするサービスのことを指す。

イ．NIST が 2009 年の公表資料で示した「サービスモデル」とは、クラウドサービスの構築・カスタマイズに関する役割分担による分類で、サービスモデルの例として、IaaS、PaaS、SaaS などが挙げられる。

ウ．NIST が 2009 年の公表資料で示した「実装モデル」とは、クラウドサービスの利用機会の開かれ方による分類であり、実装モデルの例として、パブリッククラウド、プライベートクラウドなどが挙げられる。

エ．日本では、企業におけるクラウドサービスの利用は拡大しているが、政府・インフラ領域では、セキュリティ面からオンプレミスでの利用が望ましいとされ、クラウドへの移行は推進されていない。

解説　クラウドサービス

ア適　切。記述の通り。クラウドサービスは、従来は利用者が手元のコンピュータで利用していたデータやソフトウェアを、ネットワーク経由で、サービスとして利用者に提供するものである。

イ適　切。NIST（米国国立標準技術研究所）は、2009 年の公表資料でクラウドを分類する観点として、サービスモデルと実装モデルの 2 種類を示している。サービスモデルは、クラウドサービスの構築・カスタマイズに関する役割分担による分類で、サービスモデルの例として、IaaS、PaaS、SaaS などが挙げられる。

ウ適　切。記述の通り。実装モデルは、クラウドサービスの利用機会の開かれ方による分類であり、実装モデルの例として、パブリッククラウド、プライベートクラウドなどが挙げられる。

エ不適切。2021 年 5 月に公表された経済産業省の「デジタル産業に関する現状と課題」には、「クラウドおよびクラウド上で提供されるサービスが社会・経済の重要なインフラとなる。」と記載されており、政府・インフラ領域においてもクラウド化が推進される。

解答　エ

問題 108. クラウドの実装モデルに関する以下のアからエまでの記述のうち、最も<u>適切ではない</u>ものを１つ選びなさい。

ア．パブリッククラウドは、利用機会が公開され、インターネット経由で利用されるクラウドであり、AWS、Azure、GCP などのクラウドプラットフォームのサービスはパブリッククラウドに該当する。

イ．コミュニティクラウドは、目的や業務が関連する複数組織で共同利用されるクラウドであり、コミュニティクラウドの提供者は、コミュニティクラウドを構成する組織に限られる。

ウ．プライベートクラウドは、特定の企業や組織が独自に利用するクラウドであり、そのサーバを自組織の敷地内に設置するプライベートクラウドをオンプレミス型という。

エ．そのサーバを自組織の敷地外に設置するプライベートクラウドをホスティング型という。

| 解説　クラウドの実装モデル |

ア適　切。パブリッククラウドは利用機会が一般公開されており、利用規約を承諾し登録すれば誰にでも利用できるクラウドである。AWS、Azure、GCP といったクラウドプラットフォームのサービスは利用機会が公開されており、利用規約を承諾して登録すれば誰でも利用できるパブリッククラウドに該当する。コミュニティクラウドを構成する組織に限られるものではない。

イ不適切。コミュニティクラウドの提供者は、コミュニティクラウドを構成する組織または運営を委託されたサードパーティである。

ウ適　切。記述の通り。

エ適　切。記述の通り。ホスティング型のプライベートクラウドであるためには、利用者の要望に柔軟に対応できること、共用可能であること、スケーラビリティ（拡張性）があることが条件となる。

| 解答　イ |

第5章　情報セキュリティ

問題 109. マルウェアに関する記述として、より<u>適切な</u>ものを以下のア・イのうち1つ選びなさい。

ア．ボットとは、コンピュータを外部から遠隔操作するためのコンピュータウイルスのことである。

イ．ランサムウェアとは、コンピュータ内部からインターネットに対して情報を送り出すソフトウェアの総称である。

解説　マルウェア

ア適　切。記述の通り。

イ不適切。ランサムウェアとは、ウイルスの一種で、PC やサーバ、スマートフォンに保存されているデータを暗号化して利用できなくしたり、画面をロックして端末を利用できなくして、その復旧、暴露の取り消しに金銭を要求するものである。コンピュータ内部からインターネットに対して情報を送り出すソフトウェアの総称は、スパイウェアである。

解答　ア

問題 110. ソーシャルエンジニアリングに関する記述として、より<u>適切な</u>ものを以下のア・イのうち１つ選びなさい。

ア．外部から上司や家族などの知り合いになりすまして電話をかけ、パスワードや機密情報を聞き出す方法のことを「スキャベンジング」という。

イ．パスワードなどの重要な情報を入力している様子を、後ろから近づいて覗き見る方法のことを「ショルダーハッキング」という。

解説　ソーシャルエンジニアリング

ア不適切。外部から上司や家族などの知り合いになりすまして電話をかけてパスワードや機密情報を聞き出す行為は「なりすまし」と呼ばれる。

イ適　切。パスワードを入力している様子やコンピュータの画面を背後から盗み見て情報を収集するのは、肩越しに覗くことから、「ショルダー（shoulder＝肩）ハッキング」と呼ばれており、たとえオフィス内であっても、パスワードやクレジットカードの番号など、重要な情報を入力する際には、周囲に注意する必要がある。

解答　イ

問題 111. ソーシャルエンジニアリングに関する以下のアからエまでの記述のうち、最も適切ではないものを1つ選びなさい。

ア. IT サポートを装い、電話でユーザのパスワードを聞き出す。

イ. 破棄されたデータや書類から情報を収集する。

ウ. サーバの脆弱性を突いて、システム内部に侵入する。

エ. パスワードなどの重要な情報を入力している様子を後ろから近づいて、盗み見る。

解説　ソーシャルエンジニアリング

ア適　切。記述の通り。外部から上司や家族、IT 運用事業者などのふりをして電話をかけてパスワードや機密情報を聞き出すのは、「なりすまし」である。

イ適　切。不正アクセスの対象として狙ったネットワークに侵入するために、ごみ箱に捨てられた資料（紙や記憶媒体）から、サーバやルータなどの設定情報、ネットワーク構成図、IP アドレスの一覧、ユーザ名やパスワードといった情報を探し出す手法であり、トラッシングまたはスキャベンジングといわれる。

ウ不適切。ソーシャルエンジニアリングとは、ネットワークに侵入するために必要となるパスワードなどの重要な情報を、情報通信技術を使用せずに盗み出す方法であり、その多くは人間の心理的な隙や行動のミスにつけ込むものである。

エ適　切。パスワードを入力している様子やコンピュータの画面を背後から盗み見て情報を収集するのは、肩越しに覗くことから、ショルダー（shoulder＝肩）ハッキングと呼ばれている。たとえオフィス内であっても、パスワードやクレジットカードの番号など、キーボードで重要な情報を入力する際には、周りに注意しなければならない。

解答　ウ

問題 112. ソーシャルエンジニアリングに関する次の文章中の（　　）に入る語句の組合せとして、最も適切なものを以下のアからエまでのうち1つ選びなさい。

ソーシャルエンジニアリングとは、ネットワークに侵入するために必要となるパスワードなどの重要な情報を、技術的な攻撃を用いることなく盗み出す方法である。人間の心理的な隙や行動のミスにつけ込む方法が多く、企業は対策をとる必要がある。（　a　）への対策としては、あらかじめ電話ではパスワードなどの重要な情報を伝えないというルールを決めておく必要がある。（　b　）への対策としては、紙や記憶媒体を廃棄するときは、シュレッダにかけたり、溶解したりなどの処理をする必要がある。（　c　）への対策としては、パソコンの画面にフィルターを設置することも効果がある。

ア．a．なりすまし　　　　　　　b．スキャベンジング
　　c．ショルダーハッキング

イ．a．標的型攻撃メール　　　　b．スキャベンジング
　　c．ショルダーハッキング

ウ．a．なりすまし　　　　　　　b．ピギーバック
　　c．スキャベンジング

エ．a．標的型攻撃メール　　　　b．ピギーバック
　　c．スキャベンジング

解説　ソーシャルエンジニアリング

　なりすましとは、外部から上司や家族などの知り合いになりすまして電話をかけてパスワードや機密情報を聞き出す行為である。

　スキャベンジングとは、ごみ箱をあさるなどして破棄した書類やメモから情報を収集する行為で、トラッシングと同義である。

　ショルダーハッキングとは、パスワードを入力している様子を背後からのぞいてパスワードを記憶する行為である。

　標的型攻撃メールとは、不特定多数の対象にばらまかれる通常の迷惑メールとは異なり、対象の組織から重要な情報を盗むことなどを目的として、組織の担当者が業務に関係するメールだと信じて開封してしまうように巧妙に作り込まれたウイルス付きのメールのことである。

　ピギーバックとは、立入りを許可された者が立ち入る際に、立入りを許可されていない者が後をついて立ち入る行為である。

　ソーシャルエンジニアリングとは、ネットワークに侵入するために必要となるパスワードなどの重要な情報を、技術的な攻撃を用いることなく盗み出す方法である。人間の心理的な隙や行動のミスにつけ込む方法が多く、企業は対策をとる必要がある。**なりすまし**への対策としては、あらかじめ電話ではパスワードなどの重要な情報を伝えないというルールを決めておく必要がある。**スキャベンジング**への対策としては、紙や記憶媒体を廃棄するときは、シュレッダにかけたり、溶解したりなどの処理をする必要がある。**ショルダーハッキング**への対策としては、パソコンの画面にフィルターを設置することも効果がある。

解答　ア

121

問題 113. SSL / TLS に関する記述として、より<u>適切な</u>ものを以下のア・イのうち１つ選びなさい。

ア．TLS は、インターネット上で情報を暗号化して送受信するためのプロトコルのことであるが、現在は後継である SSL が使われていることが多い。

イ．インターネットショッピングやインターネットバンキングなど個人情報や機密情報をやり取りするサービスにおいては、通常、SSL / TLS を用いてデータを暗号化することで、これらの情報が盗み取られることを防止している。

解説　SSL / TLS

ア不適切。SSL（Secure Socket Layer）と TLS（Transport Layer Security）についての記述が逆である。正しくは、「SSL は、インターネット上で情報を暗号化して送受信するためのプロトコルのことであるが、現在は後継である TLS が使われていることが多い。」となる。

イ適　切。記述の通り。SSL / TLS とは、インターネット上でデータを暗号化して送受信する仕組みのひとつである。クレジットカード番号や、一般に秘匿すべきとされる個人に関する情報を取り扱う Web サイトで、これらの情報が盗み取られるのを防止するため、広く利用されている。

解答　イ

問題 114. デジタルフォレンジックに関する記述として、より<u>適切な</u>ものを以下
　　　　のア・イのうち１つ選びなさい。

　ア．フォレンジックとは、犯罪の法的な証拠を明らかにするための調査のこと
　　　であり、特に、サイバー攻撃による犯罪や情報漏えいなどコンピュータに
　　　関するものをデジタルフォレンジックという。

　イ．デジタルフォレンジックでできることは、主に「ログ解析による違法行為
　　　の抽出」、「捏造データの判別」であり、「消去データの復元」までは行うこ
　　　とができない。

解説　デジタルフォレンジック

　ア適　切。記述の通り。

　イ不適切。デジタルフォレンジックでできることは、主に「ログ解析による違
　　　　　　法行為の抽出」、「消去データの復元」、「捏造データの判別」であり、
　　　　　　消去されたデータを復元することも可能である。

解答　ア

問題 115. CSIRT に関する以下のアからエまでの記述のうち、最も<u>適切ではない</u>ものを１つ選びなさい。

ア.「CSIRT」は、「Computer Security Incident Response Team」の略称である。

イ. CSIRT は、コンピュータセキュリティにかかるインシデントに対処するための組織の総称である。

ウ. 欧米諸国の企業では、CSIRT の役割を社外の専門企業に委託することが一般化している。

エ. CSIRT は、インシデントの発生時だけでなく、平常時から情報を収集し、サイバー攻撃の予兆をつかみ、サイバーセキュリティの防止対策を行う。

解説　CSIRT（Computer Security Incident Response Team）

ア適　切。記述の通り。

イ適　切。記述の通り。

ウ不適切。欧米諸国の企業では、企業内 CSIRT の設置が一般化しつつある。

エ適　切。CSIRT が活動するのは、インシデント発生時と事後のみではない。平常時からインシデント関連情報、脆弱性情報、攻撃予兆情報を収集、分析し、対応方針や手順の策定などの活動を行う。

解答　ウ

問題 116. SSL / TLS に関する以下のアからエまでの記述のうち、最も<u>適切では
ないもの</u>を 1 つ選びなさい。

ア．SSL / TLS は、インターネット上でデータを暗号化して送受信する仕組み
のひとつで、クレジットカード番号や、一般に秘匿すべきとされる個人に
関する情報を取り扱うウェブサイトで利用されている。

イ．TLS は、電子証明書により通信相手の本人性を証明し、なりすましを防止
する。

ウ．現在では SSL は使われなくなってきているが、歴史的経緯で「SSL」の用
語が広く普及しているため、「SSL / TLS」と呼ばれることが多い。

エ．Web ブラウザにより、SSL / TLS を使ったサイトに接続するには、
「https://」で始まるアドレスではなく、「http://」で始まるアドレス
のサイトに接続する。

解説　SSL / TLS

ア適　切。SSL / TLS は、インターネット上でデータを暗号化して送受信する
仕組みのひとつで、クレジットカード番号や、一般に秘匿すべきと
される個人に関する情報を取り扱うウェブサイトで、これらの情報
が盗み取られるのを防止するため、広く利用されている。

イ適　切。SSL / TLS は暗号化に加え、電子証明書により通信相手の本人性を
証明し、なりすましを防止するなど、今日のインターネットの安心・
安全を支えている。

ウ適　切。現在では SSL は使われなくなってきている (SSL 全バージョンと、
TLSv1.1 以前に脆弱性がある)。しかし、歴史的経緯で SSL の用語
が広く普及しているため、「SSL / TLS」と呼ばれることが多い。

エ不適切。記述が逆である。Web ブラウザにより、SSL / TLS を使ったサイト
に接続するには、「http://」で始まるアドレスではなく、「https://」
で始まるアドレスのサイトに接続する。

解答　エ

問題 117. GDPR に関する記述として、より<u>適切な</u>ものを以下のア・イのうち
1つ選びなさい。

ア.「GDPR」は、1995 年から適用されていた「EU データ保護指令」に代わ
り、2016 年 4 月に制定された。

イ.「GDPR」は、EU データ保護指令よりも厳格に規定され、適用範囲は EU 域
内の事業者に限定されている。

解説　GDPR（General Data Protection Regulation）

ア適　切。EU 域内の個人データ保護を規定する法として、1995 年から適用さ
れていた「EU データ保護指令（Data Protection Directive 95）」に
代わり、2016 年 4 月に制定された「GDPR（General Data
Protection Regulation：一般データ保護規則）」が 2018 年 5 月 25
日に施行された。

イ不適切。GDPR は、個人データやプライバシーの保護に関して、EU 加盟国
に同一に直接効力を持ち、EU データ保護指令より厳格に規定して
おり、EU 域内の事業者だけでなく、EU 域外の事業者にも適用さ
れる。例えば、EU 域内の個人データを EU 域外に移転する場合に
は、一定の条件を満たす必要がある。

解答　ア

問題 118. 個人情報保護法に関する記述として、より<u>適切な</u>ものを以下のア・イのうち1つ選びなさい。

ア. 個人情報保護法は、一定の数量の個人情報を扱う事業者を対象として定められた法律である。

イ. 個人情報とは、生存する個人に関する情報であり、死者に関する情報は原則として個人情報に該当しない。

解説　個人情報保護法

ア不適切。個人情報保護法は、個人情報を扱うすべての事業者を対象として、個人情報の取扱いについて規定している法律である。個人情報保護法は、事業者が扱う個人情報の量の多寡にかかわらず適用される。

イ適　切。個人情報保護法では、個人情報とは、「氏名」、「生年月日と氏名の組合せ」、「顔写真」等により特定の個人を識別することができる、生存する個人に関する情報とされている。死者に関する情報については個人情報保護法における保護の対象とはならない。

解答　イ

問題 119. 個人情報保護法に関する以下のアからエまでの記述のうち、最も適切ではないものを1つ選びなさい。

ア. 個人情報保護法の対象は、生存する個人に関する情報に限定されている。

イ. 個人情報とは、「氏名」、「生年月日と氏名の組合せ」、「顔写真」等により、特定の個人を識別することができる情報のことを指す。

ウ. 旅券番号、基礎年金番号、免許証番号、住民票コード、個人番号、DNA、顔認証データ等の政令・規則で個別に指定されている「個人識別符号」も個人情報に該当する。

エ. 新聞やインターネットなどで既に公表されている個人情報については、個人情報保護法では保護されない。

解説　個人情報保護法

ア適　切。記述の通り。「第二条　この法律において「個人情報」とは、生存する個人に関する情報であって、次の各号のいずれかに該当するものをいう。」とある。

イ適　切。記述の通り。第二条に「一　当該情報に含まれる氏名、生年月日その他の記述等（文書、図画若しくは電磁的記録（電磁的方式（電子的方式、磁気的方式その他人の知覚によっては認識することができない方式をいう。次項第二号において同じ。）で作られる記録をいう。以下同じ。）に記載され、若しくは記録され、又は音声、動作その他の方法を用いて表された一切の事項（個人識別符号を除く。）をいう。以下同じ。）により特定の個人を識別することができるもの（他の情報と容易に照合することができ、それにより特定の個人を識別することができることとなるものを含む。）」とある。

ウ適　切。記述の通り。第二条に「二　個人識別符号が含まれるもの」も個人情報であるとされている。

エ不適切。公知の情報であっても、その利用目的や他の個人情報との照合など取扱いの態様によっては個人の権利利益の侵害につながるおそれがあることから、個人情報保護法では、既に公表されている情報も他の個人情報と区別せず、保護の対象としている。

解答　エ

問題 120. GDPR に関する次の文章中の（　　）に入る語句の組合せとして、最も適切なものを以下のアからエまでのうち 1 つ選びなさい。

GDPRは、EU域内の個人データ保護を規定する法として、「EUデータ保護指令」に代わり、（　a　）に制定された一般データ保護規則のことである。GDPRは個人データやプライバシーの保護に関して、EU加盟国に同一に直接効力を持ち、EUデータ保護指令よりも厳格に規定しており、（　b　）適用される。

ア．a．1995 年　　　b．EU 域内の事業者だけでなく EU 域外の事業者にも

イ．a．1995 年　　　b．EU 域内の事業者のみに

ウ．a．2016 年　　　b．EU 域内の事業者だけでなく EU 域外の事業者にも

エ．a．2016 年　　　b．EU 域内の事業者のみに

解説　GDPR（General Data Protection Regulation）

GDPR（General Data Protection Regulation）とは、EU 域内の個人データ保護を規定する法として、「EU データ保護指令（Data Protection Directive 95）」に代わり、2016 年 4 月に制定された一般データ保護規則のことである。

GDPR は、EU 域内の個人データ保護を規定する法として、「EU データ保護指令」に代わり、<u>2016 年</u>に制定された一般データ保護規則のことである。GDPR は個人データやプライバシーの保護に関して、EU 加盟国に同一に直接効力を持ち、EU データ保護指令よりも厳格に規定しており、<u>EU 域内の事業者だけでなく EU 域外の事業者にも</u>適用される。

解答　ウ

DXパスポート試験 公式精選問題集

2024年4月30日　初版　第1刷発行

編　者　　一般財団法人 全日本情報学習振興協会

発行者　　牧野常夫

発行所　　一般財団法人 全日本情報学習振興協会

　　　　　〒101-0061　東京都千代田区神田三崎町3-7-12　清話会ビル5F

　　　　　TEL：03-5276-6665

販売元　　株式会社 マイナビ出版

　　　　　〒101-0003　東京都千代田区一ツ橋 2-6-3　一ツ橋ビル 2F

　　　　　TEL：0480-38-6872（注文専用ダイヤル）

　　　　　　　　03-3556-2731（販売部）

　　　　　URL：http://book.mynavi.jp

印刷・製本　大日本法令印刷株式会社

©2024　一般財団法人 全日本情報学習振興協会
ISBNコード　978-4-8399-8677-3　C2034
Printed in Japan

イメージで攻略

わかる! 受かる!!
登録販売者 テキスト&問題集

2023年7月31日 初版第1刷発行

著　者　マイナビ出版登録販売者試験対策プロジェクト
発行者　角竹輝紀
発行所　株式会社マイナビ出版
　　　　〒101-0003　東京都千代田区一ツ橋2-6-3 一ツ橋ビル2F
　　　　電話　0480-38-6872（注文専用ダイヤル）
　　　　　　　03-3556-2731（販売部）
　　　　　　　03-3556-2735（編集部）
　　　　URL　https://book.mynavi.jp/

監修……………… 岩堀禎廣
カバーデザイン…… 大野虹太郎（ラグタイム）
本文デザイン……… C.Room
編集………………… 株式会社OSイースト
編集協力…………… 平田知巳、大友弥生
イラスト…………… 東園子
印刷・製本………… 中央精版印刷株式会社
企画制作…………… 株式会社SAMURAI Office

書籍のお問い合わせ

　書籍に関するお問い合わせは、読者特典特設サイトのお問い合わせフォームまたは、郵送にてお送りください。

　なお、書籍内容の解説や学習相談等はお受けしておりませんので、あらかじめご了承ください。

　ご質問の内容によっては確認等に1週間前後要する場合や、お答えいたしかねる場合がございますので、あわせてご了承いただけますようお願い申し上げます。

> 書籍のお問い合わせは、本書企画・制作いたしました株式会社SAMURAI Officeより回答いたします。

● 法改正情報・正誤のご確認について

試験情報・正誤情報は特設サイトに掲載いたします。
該当箇所が無い場合は、下記お問い合わせ先までお問い合わせください。

特設サイト
https://wakaruukaru.jp/torokuhanbaisya/

● お問い合わせ先

① 「お問い合わせフォーム」から問い合わせる

お問い合わせフォーム
https://wakaruukaru.jp/contact/

② 郵送で問い合わせる

文書に書名、発行年月日、お客様のお名前、ご住所、電話番号を明記の上、下記の宛先までご郵送ください。

郵送先　〒160-0023
　　　　東京都新宿区西新宿3-9-7-208
　　　　株式会社SAMURAI Office書籍問い合わせ係

た行

さ 行

か行

索引